U0510931

集人文社科之思　刊专业学术之声

集 刊 名：政府治理评论
主办单位：贵州大学公共管理学院
主　　编：黄其松

PUBLIC GOVERNANCE REVIEW

编辑委员会（按姓氏笔画排序）

王志凌　刘　升　许　鹿　李　波　杨志军　张红春　胡赣栋
段忠贤　徐中春　徐　健　黄其松　靳永翥　廖　艳　廖煜娟

编辑部

主　　任：胡赣栋
责任编辑：（按姓氏笔画排序）
　　　　　刘　升　张红春　胡赣栋　徐中春
　　　　　徐　健　廖　艳　廖煜娟

投稿邮箱：zfzlpl@126.com

第5卷

集刊序列号：PIJ-2018-304
中国集刊网：www.jikan.com.cn
集刊投约稿平台：www.iedol.cn

主　　编／黄其松

执行主编／徐中春

政府治理评论 第5卷

PUBLIC GOVERNANCE REVIEW

社会科学文献出版社

SOCIAL SCIENCES ACADEMIC PRESS (CHINA)

卷首语

　　《政府治理评论》为贵州大学公共管理学院和贵州省欠发达地区政府治理体系和治理能力现代化协同创新中心共同主办的学术集刊，旨在搭建平台、砥砺学术，促进学术共同体的发展。本集刊主要设置时政聚焦、政策与治理理论前沿、地方政府治理实践、书评等栏目，每卷围绕上述栏目组织出版专栏、专题文章。本卷自征稿以来，共收到稿件24篇，经编委会匿名审阅、仔细甄选，最后通过编委会会议挑选出10篇论文作为本期的内容。现将此次发表的论文在各个专题下做一介绍。

　　"大生态与绿色治理专题"共刊发了4篇论文。第一篇是清华大学孔锋的《国家安全视域下的区域综合灾害风险防范与风险融资战略思考》；第二篇是贵州大学徐中春的《城市适应气候变化理论与实践研究初探》；第三篇是贵州大学冯媛媛与田倩的《城市居民垃圾分类参与度的影响因素研究——以湖南省怀化市Y社区中4个小区为例》；第四篇是贵州大学刘郁、刘忠雨和胡士民的《LB县全域旅游对生态的影响研究》。第一篇论文在对现代灾害风险典型特征剖析的基础上，提出灾害风险治理研究中的"转入－转出"机制，并展望灾害风险融资的发展趋势。第二篇论文在梳理气候变化对城市系统影响的基础上构建城市适应气候变化总体框架，并进行城市适应类型划分进而提出适应对策。第三篇论文以湖南省怀化市Y社区中4个小区为例，采用定量研究方法对城市居民垃圾分类影响因素进行研究。第四篇论文从消极影响、积极影响两个方面对LB县全域旅游对生态环境的影响进行分析。前两篇论文属于理论研究，分别对区域灾害风险防范治理、城市适应气候变化治理进行了很好的总结与归纳。后两篇论文属于实证研究，分别对案例区的居民垃圾分类参与度影响因素、全域旅游对生态环境的影响进行研究。这四篇论文从多领域、多视角探讨了目前生态环境基层治理的理论与实践研究，对于我们全面理解大生态背景下区域生态环境治理提供了很好的借鉴与思考。

"基层治理与公共服务专题"共刊发了 4 篇论文。第一篇是武汉大学尹小恩的《21 世纪初我国乡村治理思想浅析——基于 2004～2018 年 15 份中央一号文件的考察》；第二篇是福建师范大学张园园的《整体性治理与选择性回应：地方政府政策执行偏差的一种解释》；第三篇是贵州大学刘升的《行动者视角下的城管执法政策研究——以 ZJ 城管为研究对象》；第四篇是贵州大学许鹿和明慧的《城市社区服务中心公共服务质量改进的影响因素组合探析》。第一篇论文通过分析近年来党和政府发布的中央一号文件，阐释中国共产党乡村治理思想的内容组成、主要特点以及重大意义。第二篇论文以 S 省教育厅为分析个案，从"动员式与常规式"和"指令性与计划性"两个维度与四种模式来解析地方政府的政策执行程度，进而揭示地方政府政策执行偏差的发生机理。第三篇论文以 ZJ 城管为研究对象，基于不同社会行动者视角探讨各自应对城管法规的实施过程及其影响。第四篇论文以 G 市与 A 市的 12 个社区为例，通过 SERVPERF 量表测量分析，从政策支持、社会组织协调、居民参与、组织承诺、党组织领导等方面来提炼促进社区服务中心公共服务质量改进的组合路径。

"社会保障专题"共刊发了 2 篇论文。第一篇是贵州大学廖煜娟等的《贵阳市养老照顾服务现状、问题及对策研究——基于 Y 区养老服务的调查与反思》；第二篇是贵州大学洪露和曹晨的《积极福利视角下贵州省留守儿童福利发展方向和路径》。这两篇论文围绕养老服务与留守儿童照护的社会关注热点，基于地区发展实践来剖析现存问题，提出对策建议。

"书评"刊发了 1 篇论文。厦门大学、新加坡南洋理工大学于文轩的《〈我国地方政府绩效与生态脆弱性协同评估——面向西部 45 市的探索性研究〉书评》，视角宏大，从社会关注的热点——甘肃祁连山国家级自然保护区生态环境破坏问题出发，阐述著作的重大理论与实践意义。

目　录

大生态与绿色治理专题

基层治理与公共服务专题

社会保障专题

书 评

大生态与绿色治理专题

国家安全视域下的区域综合灾害风险防范与风险融资战略思考[*]

孔 锋^{**}

摘 要： 化解重大灾害风险已成为当前国家和社会安全健康发展面临的关键问题之一。本文首先从现代灾害风险的定量评估入手，介绍了经济学和工程学领域风险定量评估的方法与特征。其次，阐述了在互联互通的全球化进程中，巨灾风险对社会－生态系统影响的全球性、系统性和复杂性凸显。再次，国家在灾害风险治理中要统筹考虑"转入－转出"机制，有效克服风险治理实践中的理论局限性，协同结构性减灾和功能性避险并举理念，统筹协调减灾资源在需求和供给中的平衡，采取工程和非工程措施以化解重大灾害风险。然后，基于化解重大风险的现实需求和科学理念，本文提出五个方面的前沿话题。同时，梳理了当前灾害风险融资的发展趋势并进行展望，分析了灾害风险分散转移面临的五个方面挑战。最后给出针对性政策建议。

关键词： 灾害风险融资 巨灾风险防范 互联互通 灾害级联效应 "转入－转出"机制

国家安全重大事件与重大风险防范已成为当前国家可持续发展面临的突出问题（郭君等，2019；史培军，2017；孔锋等，2018）。2019年1月，

---

* 本文得到国家自然科学基金（71790611，41801064）和北京市社科基金研究基地项目（19JDGLA008）的资助。

** 孔锋，理学博士，清华大学公共管理学院助理研究员，研究方向为气候变化与自然灾害。

习近平总书记在省部级主要领导干部坚持底线思维着力防范化解重大风险专题研讨班开班式上发表了重要讲话，强调提高防控能力，着力防范化解重大风险，保持经济持续健康发展和社会大局稳定。既要高度警惕"黑天鹅"事件，即小概率大影响事件，也要防范"灰犀牛"事件，即大概率大影响事件。在气候变化背景下，自然灾害领域的"黑天鹅"事件有增加趋势，突出表现为巨灾，其影响具有全球性、系统性和复杂性（史培军、孔锋等，2014；史培军、王季薇等，2017；周洪建，2017）。巨灾表现形式复杂多样，集中体现为多灾种、灾害链和灾害遭遇，在互联互通背景下，其影响超越了灾区本身，往往形成连锁联动效应（吴吉东，2018；孔锋、史培军、方建等，2017；孔锋、吕丽莉、方建等，2017；宋长青等，2018）。自然灾害领域的"灰犀牛"事件，如果不加以防范往往会通过级联作用造成更大的灾害损失，形成系统性风险（孔锋等，2018；程昌秀等，2018；崔鹏等，2018）。本文在当前国家安全与化解重大风险的新形势要求下，介绍现代灾害风险防范的定量研究学科特点，阐述互联互通背景下灾害风险的特征及"转入－转出"机制，并初步探讨灾害风险治理实践中的五个前沿话题，并给出政策建议，以期为化解重大风险的国家需求提供可能的思路和参考（见图1）。

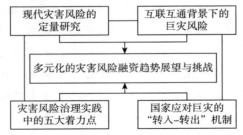

图1　区域综合灾害风险防范与风险融资分析框架

一　现代灾害风险防范的经济学和工程学定量研究

现代灾害风险防范在很大程度上依赖于定量研究方法，且这些定量方法多来源于其他学科（史培军等，2014）。从学科来看，这些定量方法大致分为两类：第一类是应用在经济学中的方法；第二类是应用在工程学中的方法（吴吉东，2018）。经济学的风险防范方法指导个体与集体行为理性地凝聚在一起，工程学的风险防范方法则是在经济学的风险防范方法指导基础上进行防范风险的实践行动。两类方法皆依靠数学的概念和方法，嵌入尚未统一和规范化的论述中，并利用这些概念形成人文学科领域，例如灾害经济学、灾害社会学、灾害民族学、灾害政治学等。

（一）经济学视域下的灾害风险定量研究

从经济学的角度来看，现代灾害风险防范在处理风险和不确定性时，最重要的概念就是个体理性的理念（史培军等，2014）。本文所指的个体可以是单个的人、家庭、商业团体或政治机构等。根据个体理性的理念，在具体情境下，个体能够自主保持喜好理性。无论其是否面对其他个体，也无论其他个体是否保持理性，对于该个体而言在进行决策时，其都可以自主保持喜好理性，即一贯性。市场、机构、社会则可以被视为各种理性主体的集合体。风险防范在过去的发展过程中，一直致力于寻找和改进在面临风险时做出更为合理的选择的方法。现代风险防范的目标是试图让理性主体的集合体能够像个体一样表现出始终如一的理性，这样可以使个体与集合体表现出一致的理性。在不受外界影响的情况下，当集合体中主体之间存在的差异可以被忽略掉，并产生具有代表性的主体时，即可使个体与集合体表现出一致的理性。为了协调个体与集合体的合理性，学界建立了资源的财产专属权，从而将资源清晰地分配给单个主体。

（二）工程学视域下的灾害风险定量研究

从工程学的角度来看，风险应对是指通过评估可能发生的不同后果的概率，采取相应的有效措施，降低风险发生概率。工程学主要是通过工程性设防措施，增加承灾体韧性或降低孕灾环境的不稳定性，从而降低承灾体可能面临的风险。例如，相同强度的地震或洪涝灾害发生在发展中国家和发达国家，其最终导致的人员伤亡往往差异巨大，这表明工程性设防不仅增强了承灾体自身的韧性，同时分布在同一区域的承灾体协同集聚也降低了区域孕灾环境的不稳定性。综上可知，工程学改变了承灾体及其所处的孕灾环境的物理特征，因此，工程学在应对区域风险中具有十分重要的作用。

二　互联互通背景下的现代灾害风险典型特征

全球化背景下不同区域之间的互联互通超过以往任何时代，产生了多

种类型的联络网，最为典型的即是生产链和供应链。连通性在全球社会 -
生态系统中快速增长，无论是人文领域的区域间经济相互依赖性、贸易往
来、信息交流、人员交往以及电信网络等，还是自然领域的生物和非生物
过程，两方面的全球化联结程度均在加强。人类活动以及活动间联系增
加，并扩大到了全球范围，通过国际贸易、通信网络、文化交流、跨国犯
罪等多种途径，人类活动也开始在全球不同尺度上与生态进程联系起来。
改变连通性对于系统的恢复来说有很多不同的意义。连通性的增加有利于
信息、人口、决策更迅速地传播，但是同时也导致病毒和疾病更快速地散
播。在某种程度上，加速全球化对于增强全球性和系统性风险防范是必不
可少的，同时，高度的连通性对于风险防范还有其他效用。在互联互通的
背景下，骚乱迅速在市场与社会之间转移，并且处于不断变化中，从而导
致全球范围内的社会 - 生态系统变化的起源地和最终受影响的地区相隔甚
远，时间上也可能发生不同程度的滞后。政策成本与效益无法准确评估，
全球各类系统的不确定性加剧。从体制方面来看，为了处理这种"分布式
因果关系"的情况，需要对体制做重大调整，甚至产生新的制度。

　　连通性的增加还有另外一个让人更为不安的因素。长期以来建立的各
类网络由不同部分构成，且各部分之间的联系往往是随机的。网络系统复
杂程度的增加，将不可避免地导致整个系统的不稳定。也即随着相互关联
的单元数量增加、连通的密度增大以及相互关联的单元间的互动强度增
高，系统不稳定的概率会增大。研究表明，复杂性和连通性的增强，特别
是非演变的和非计划内的连通性增强，将导致系统稳定性的降低和系统脆
弱性的增加，同时导致成本与误差的陡然上升。当前社会 - 生态系统的发
展不是一个随机的网络，在全球化增加全球社会 - 生态系统的连通性及其
强度的同时，全球社会 - 生态系统中各组成部分间新的联系将源源不断地
产生，从而导致系统性风险增加。

三　灾害风险治理研究中的"转入 - 转出"机制

　　灾害转入机制是指决策转变的程序，包括调度和重新部署行动、参与
者和资源（史培军等，2014）。决策转变的程序与社会 - 生态系统中人类
应对风险的前期准备有关。灾害转出机制是指在人类应对能力范围内，灾
害事件发生后决策转变的程序，具体是指应对机制、参与人员、组织结构
和过程回归正常状态，或者进入新的状态或转变后的系统。"转入 - 转出"

机制标志着紧急状态的开始与结束，其研究中应当与系统事前、事后正常状态的不同变化模式有关。需要注意的是，应对能力的转变与社会－生态系统作为一个系统，由于应对能力转变程度的差异，该整体在受到致灾因子影响后所产生的灾情可能有所不同。当新的系统或状态汲取了以往的经验和教训后，系统稳定性得到提升，有效性得以提高，人类的应对能力得到提高。当灾害发生导致人类的应对能力降低时，如果人类忽视了以往的经验和教训，将导致系统在应对未来风险时变得更加脆弱。需要说明的是，紧急状态可以用以标记一个系统的两个不同长期状态的转变。这种转变不仅仅是物理系统中相变的模拟，更是象征历史分叉点上的时刻，通过研究这些分叉点，克服当前风险管理实践者所建立的理论模式中的局限性，从而对风险管理中的时间性、决策、机构等因素予以更客观和科学的考量。

四　灾害风险治理实践中的五个前沿话题

（一）决策者对巨灾灾害链的研判能力

亟待加强决策者对巨灾灾害链的研判能力。互联互通背景下巨灾风险防范态势严峻，巨灾通过灾害链、灾害群和灾害遭遇的形式引发形式复杂多样的次生灾害，这给决策者在处置中带来了严峻挑战。例如，2010 年 2 月智利地震引发的海啸摧毁了多个沿海城镇，同时引发了大面积的停电，波及全国 90% 的人口，一些地区停电长达数天。同时，抢劫、暴动、越狱都成为地震引发的次生灾害。这种状况在政府做出无需国际援助的初期判断的情况下更为恶化。这一实例很可能在世界上任何地方出现，作为地震引发次生灾害的案例，它也提醒人们下次防止类似的情况发生。

（二）决策者对巨灾影响的研判能力

大力提高决策者对巨灾影响的研判能力。灾害发生后，如何对灾害的可能影响做出快速科学的研判，是当前巨灾风险治理中的关键问题。其核心是需要开发出一种有效的工具来帮助决策者在此类灾难发生时对潜在的影响做出正确判断。同时，决策者需要全面了解当前社会－生态系统中哪些已有的风险超越了决策者的应对能力。

（三）巨灾应对处置中的资源储备能力

系统评估巨灾应对处置中的资源储备能力。在卡特里娜飓风发生期间，由于缺乏公共交通设施，许多人面临飓风来袭之前无法撤离的危险。缺乏对事件影响的正确判断，最终迫使政府动用成本极高的方法（直升机或者船舶）来实现人群的撤离。换句话说，政府机构在最短的时间内全方位地评估事件的影响程度是非常重要的，这就需要政府使用目前已有的资源快速有效地积极处理巨灾。因此，为政府机构开发一种工具，使政府机构在应对此类巨灾时能够及时有效地评估是否有足够的资源应对成为一个难题。

（四）政府机构在"转入－转出"机制中的作用

科学评估政府机构在"转入－转出"机制中的作用。在灾后重建过程中，很多政府要求得到帮助和支持，以重建基础设施，但重建标准却是依照灾前标准而定。如果按照灾前标准，那么重建后的设施的脆弱性和风险水平与灾前完全相同。在灾后重建过程中引进一种新的方法，避免重建后公共和个人的财产防范风险的水平依然很低。在改善"转入－转出"机制的过程中评估政府机构的作用是非常重要的。但"转入－转出"机制还有诸多问题尚未达成共识。例如，转入何时开始？（是察觉风险之时，或是决策机制转变的初次运行之时，抑或是当一套完整的预警系统已经到位时？）转入何时结束？当灾害形成后，转出何时开始？类似的问题是当前灾害风险科学研究和实践中亟待解决的前沿问题之一。

（五）"一带一路"建设的综合自然灾害风险防范

高度重视气候变化背景下"一带一路"综合灾害风险防范，助力"一带一路"建设安全平稳推进。"一带一路"建设投资巨大且周期长，收益回馈慢；"一带一路"沿线跨越高烈度、高寒、高陡的地理环境，孕灾环境极其复杂，该地区灾害复杂性突出，多灾种、灾害链和灾害遭遇屡有发生（孔锋、史培军、方建等，2017）。气候变化背景下"一带一路"沿线孕灾环境不稳定性进一步增加，崩滑流和冻土的反复冻融，给沿线的水利水电工程、油气管道工程、公路和高速铁路等基础设施建设带来了严峻挑战。当前"一带一路"建设更多的是关注经济领域，而对气候变化影响和灾害风险防范关注相对较少。因此，亟须开展气候变化背景下"一带一路"综合灾害风险防范，为化解"一带一路"建设中面临的重大灾害风险提供科技支撑。

五　灾害风险融资的发展趋势与展望

（一）救灾资金缺口趋于增大

随着灾害风险形势日益严峻，灾害风险融资成为区域综合灾害风险防范结构体系中不可或缺的组成部分。它通过大量筹集资金，在灾害发生并造成影响后快速地给灾区提供资金以降低灾害的间接影响并保障灾后的恢复与重建，将个人或个别区域遭受的灾害风险在其他群体或区域内实现高效分散。应对灾害风险，充足的资金准备是综合灾害风险管理的中心环节。随着灾害事件的日益频发以及其影响的不断增大，灾害风险的成本在增加，灾后救助和恢复重建的资源缺口正在增大，风险减轻的方法已不足以有效降低灾害尤其是巨灾的影响，灾害风险融资的手段在综合灾害风险防范中越来越凸显其重要性。

（二）多元化发展救灾资金筹集方式

发展多种形式的救灾资金筹集方式，助力提升综合减灾能力。风险融资的核心思想是再分配灾害风险，将个人或个别区域遭受的灾害风险转移到其他群体或区域，且通常是转移到更多的人或更大的区域，风险再分配可以通过政府行为实现，也可以通过筹集社会资本、灾后救助的方式实现。相较于前者，利用社会资本进入防灾领域，发挥风险融资的作用，能够尽可能地减少机会成本，降低防灾减灾对政府的依赖程度。各类风险分散工具各有优劣，单纯依靠任何一种风险融资工具都不可能有效解决灾害风险管理问题，而必须整合各类工具的优势，并整合政府、企业、非政府组织、国际金融机构以及国际援助人的力量，形成"灾害安全网络"，实现高效的灾害风险转移。因此，除完善救灾基金制度及其监督制度外，还可运用灾害保险与再保险、指数保险、天气对冲基金、巨灾债券或信用、灾害彩票等经济手段，完善救灾资金保障体系。发展多种形式的救灾资金筹集方式是提升我国综合防灾减灾救灾能力的重要环节，需要不断创新其形式和路径。

（三） 灾害保险和彩票前景巨大

保险是当前发达国家应对中度风险最主要的途径，包括财产保险、农作物保险和国家灾害保险，而保险公司会以再保险的形式进行融资。保险能够保证灾后足够的资金以分散其覆盖的风险，但保险也存在很多限制，例如需要完善的法律制度和监管机构，需要数量多、变异大的保险对象，市场周期长等。我国当前灾害保险的参与率远低于美国和日本，灾害保险仍有很大的发展空间。灾害彩票作为我国新兴的救灾筹集资金的有效方式，当前在深圳市已经开始筹备，但仍有待政府统筹考虑。彩票也作为一种创新型的风险融资工具来筹集资金用于救灾和恢复重建。日本在 1995 年阪神大地震、2005 年新潟地震和 2011 年东日本大地震发生后均发行了灾害专项彩票，其中为东日本大地震共筹集了 150 亿日元用于震后恢复重建；2011 年新西兰克赖斯特彻奇发生 6.3 级浅源地震，彩票中心决定将彩票销售额的 50% 用于震后恢复重建，吸引了全国 83% 的人口购买，共筹集 835 万纽币；2009 年意大利阿布鲁佐地震发生后，彩票公司专项发行名为"Win for Life"的彩票，将销售额的 23% 用于震后重建，发行后的 20 个月内，共筹集 2.75 亿欧元。

六 灾害风险分散转移面临的五大挑战

发展中国家金融市场发展不完善、风险管理结构不完整等问题，使灾害风险分散普遍面临很多挑战，主要表现在以下五个方面。

挑战 1：风险分散工具的适用性和风险数据的完备性挑战。目前很多风险分散工具不能使用或者不适合使用的状况仍然存在。从空间而言，目前风险分散工具是根据技术可行性、需求和支付能力来分布的，而这种分布常常与风险和脆弱性的分布不一致。从风险等级而言，风险分散工具不能覆盖全部的风险范围。可获得的风险相关综合数据和信息通常很缺乏。很多发展中国家缺少灾害历史数据，同时缺乏获取、处理和分析数据的设施，而这些数据对于识别和评估风险从而制定相应的风险管理措施十分必要。

挑战 2：对保险推广困境及风险分散工具机制的认识不足。很多保险扩大范围十分艰难，且投保人对风险分散工具的机制缺乏深入认识。在保险发展的初期阶段，投保人购买保险从而降低风险的成本很高。为了扩大保险销售范围，必须降低保费，然而与之矛盾的是，降低保费需要建立在一个大的、分散的风险联营基础上。投保人对于众多风险分散工具的工作机制和实际效益知之甚少。对风险分散的信心是建立在发达国家的理论和实践基础上的，而不是建立在对成本和效益的综合理解上。理解灾害风险分散工具的作用方式、作用对象以及选择该工具的原因，在具体实施阶段是十分重要的。尽管发达国家保险在灾害风险分散中的成功经验为发展中国家提供了越来越多的参考，但从形形色色的研究、机构和平台中总结出清晰的适合发展中国家的方式仍然是十分困难的。基于风险认知的决策受到风险分析国际和国内对话的限制。对灾害风险的一致、系统的分析以及对防灾、减灾和风险分散的认知，是机构、政府和国际组织分配资源的基础，但由于风险评估和规划项目的不完整性、利益偏向性以及政治问题等原因，无论在国内还是国际上，可共享的风险分析通常都是很困难的。

挑战3：发展中国家的保险产品和保险市场发展堪忧。在发展中国家，前期几乎没有保险需求，潜在客户也没有能力对保险产品进行评估，对保险进行补贴和支持的机构和政府也难以确定保险对于灾后贫困的人们和财政紧缩的政府而言是否真的有意义。同时，保险公司的利益通常难以与政府和个体的利益并存。当国际减灾机构参与发展中国家的减灾行动并对保险进行补贴时，保险产品会更倾向于贫困个体的利益，然而这种对消费者的过分保护和对市场的不合理管制，可能会导致保险产品价格过于低廉。在未来，发展中国家面临过度依赖国际再保险从而排挤本土保险的风险。随着自然灾害发生频率和强度增加，本土保险公司可能会撤出市场，而此时，有保险需求的客户群体就会失去保险的保障从而完全暴露在自然灾害中。

挑战4：从执行的角度来看，风险分散过于专业化和复杂化，且存在亏损可能。风险分散工具在市场中的复杂性，使一些潜在支持者、投资者、改革家望而却步，对于这些非专业人员，风险分散工具的质量、作用和应用价值常常是被误解的。风险分散工具存在亏损的可能，对风险保障的提供者而言，其回报是不确定的。尽管利用风险分散工具十分具有吸引力，但在实际操作中，对于投资者来说，它通常是一个不确定性很高的高风险投资行动。因此，像经济合作与发展组织、世界银行这样的国际机构会支持保险公司等风险保障提供者，参与到发展中国家风险分散工具的实施中。

挑战5：不同的机构和政府部门对于保险的要求是不协调的，当前建立可用的风险分散机制的周期较长。例如，农业部门可能会要求保险提高农民的生产力，促进农业经济发展；保监会可能会要求促进国内保险市场的发展；人道主义者可能会要求加快灾害响应的速度，减少灾后的财政短缺。这种单位和部门之间的不协调可能会导致效率低下。从事灾害风险分散是长期的责任，倘若成立一个风险分散的工具又不坚持发展，会对风险分散市场产生消极影响。一个好的风险分散工具达到可持续发展可能需要10年以上的时间，而一般资金都不能长期持续供给，导致很多风险分散的工具规模难以扩大。

七 政策建议

基于上述分析，本文给出以下政策建议。

其一，多元化发展各类灾害风险融资方式，鼓励社会力量参与巨灾风险融资。

其二，从物理设防、社会设防、文化设防层面提高区域综合灾害设防能力，增强区域韧性，协同考虑城市与乡村的综合灾害防御能力。

其三，平衡平均设防能力和特殊事件、特殊地段、特殊时间的设防能力，避免形成"木桶效应"，同时规范特殊时段的设防工作，避免形成"破窗效应"。

其四，城市长远发展需要将综合防灾减灾、应对气候变化、生态文明建设协同起来，实现兴利避害的双重效果，走适应区域的可持续发展之路。

八 结束语

互联互通和气候变化背景下的灾害治理面临严峻挑战（史培军、应卓蓉，2016）。推动政府在减灾中的"转入－转出"机制，首先要识别四类灾害风险，即可接受的灾害风险、可转化的灾害风险、需防范的灾害风险、罕见灾害风险。巨灾风险治理亟须在多尺度、多因素、多过程角度下，从多个防范级别上创造协同效应，有效地将巨灾转化成可以用现有合理方法应对的风险。同时，亟须研发应对不可接受的灾害风险事件的流程。城乡基层社区作为应对巨灾风险的最直接的主体和重要组成部分，需要在减灾实践业务中不断提高其协作能力，协同结构性减灾和功能性减灾，大力提倡工程性减灾和非工程性减灾并举，统筹协调，做好减灾资源在需求和供给中的平衡。

参考文献

程昌秀、史培军、宋长青等，2018，《地理大数据为地理复杂性研究提供新机遇》，《地理学报》第 8 期。

崔鹏、胡凯衡、陈华勇等，2018，《丝绸之路经济带自然灾害与重大工程风险》，《科学通报》第 11 期。

郭君、孔锋、王品、吕丽莉，2019，《区域综合防灾减灾救灾的前沿与展望——基于 2018 年三次减灾大会的综述与思考》，《灾害学》第 1 期。

孔锋、吕丽莉、方建等，2017，《中国空气污染指数时空分布特征及其变化趋势（2001 - 2015)》，《灾害学》第 2 期。

孔锋、吕丽莉、王品等，2018，《灾害防御能力的基本定义与特征探讨》，《灾害学》第 4 期。

孔锋、吕丽莉、王一飞，2018，《透视中国综合防灾减灾的主要进展及其挑战和战略对策》，《水利水电技术》第 1 期。

孔锋、吕丽莉、王一飞等，2017，《"一带一路"建设的综合灾害风险防范及其战略对策》，《安徽农业科学》第 22 期。

孔锋、史培军、方建等，2017，《全球变化背景下极端降水时空格局变化及其影响因素研究进展和展望》，《灾害学》第 2 期。

史培军，2017，《全面提高设防水平与能力 综合应对各类自然灾害》，《科技导报》第 16 期。

史培军、孔锋、叶谦等，2014，《灾害风险科学发展与科技减灾》，《地球科学进展》第 11 期。

史培军、王季薇、张钢锋等，2017，《透视中国自然灾害区域分异规律与区划研究》，《地理研究》第 8 期。

史培军、应卓蓉，2016，《中国气象灾害对宏观经济增长的影响分析》，《北京师范大学学报》（自然科学版）第 6 期。

宋长青、程昌秀、史培军，2018，《新时代地理复杂性的内涵》，《地理学报》第 7 期。

吴吉东，2018，《经济学视角的自然灾害损失评估理论与方法评述》，《自然灾害学报》第 3 期。

周洪建，2017，《当前全球减轻灾害风险平台的前沿话题与展望——基于 2017 年全球减灾平台大会的综述与思考》，《地球科学进展》第 7 期。

责任编辑：徐中春

城市适应气候变化理论与实践研究初探[*]

徐中春^{**}

摘　要： 在全球气候变化影响加剧、极端天气气候事件频发以及气候灾害损失加重的背景下，城市作为最重要的适应综合主体，其适应气候变化研究受到越来越多的关注和重视。本研究在梳理气候变化对城市系统影响的基础上，按照"为何适应、谁要适应、怎么适应"的逻辑思维，从气候变化、影响评估、适应需求、适应行动等方面入手，构建了一个综合性、标准化、流程化的城市适应总体理论框架。并根据引起城市灾害的主导因素与主要适应需求，将城市适应类型主要划分为暴雨内涝型、海平面上升型、高温热浪型、干旱缺水型以及其他极端天气型五类，具体在分析各类型特征的基础上，分别构建适应气候变化的对策。

关键词： 城市地区　适应气候变化　理论框架　适应模式

一　问题提出

气候变化是当前全球面临的最大环境问题，严重威胁人类社会的可持

---

* 本文得到教育部人文社会科学研究青年基金项目"贵州喀斯特地区农户生计分化与土地边际化研究"（18YJC630216），贵州大学人文社会科学研究青年项目"贵州农地适度规模经营问题诊断与发展路径研究"（GDQN2018010），以及贵州大学引进人才项目"典型城市适应气候变化策略研究"（贵大人基合字〔2015〕013 号）的资助。

** 徐中春，男，博士，贵州大学公管学院副教授，研究方向为气候变化与灾害风险、土地利用与农村发展。

续发展，尤其是气候变化引起的各类极端天气气候事件，已经给人类自然生态系统和社会经济系统造成重大影响。随着全球气候变化影响的加剧，人类社会将面临更多极端天气气候灾害的威胁。

城市地区作为某一区域的政治、经济与文化中心，是人类经济社会活动的主要场所，基础设施集聚、产业布局紧凑以及居民人口密集。在全球气候变化大背景和城市特有局地环境的共同作用下，城市地区一般受气候变化影响强烈，高温热浪、暴雨内涝等极端事件发生频率以及造成的损失，一般都高于非城市地区。特别是近年来，随着全球气候变化影响范围扩大以及人口、社会经济总量不断增长，更多的城市暴露在气候变化影响下，承灾体暴露度不断增大，城市整体脆弱性趋于增大，面临的气候灾害损失风险不断升高。而近期全球频发的城市内涝、高温热浪等灾害不断印证这些判断。因此，城市适应气候变化已成为全球应对气候变化工作的重要内容。

目前，我国正处于快速城市化阶段，大量人口、产业以及相关设施不断向城市地区集聚，城市已成为规模庞大的综合承灾体。再加上我国城镇化过程中的人口高密度化、强流动性和日趋老龄化以及社会财富积累快速化、防灾设施脆弱化等特征，城市地区更容易遭受各类气候灾害的侵袭。气候变化已对我国城市环境和经济发展产生了深刻影响，由极端天气气候事件引发的城市雾霾和大气污染、城市热岛、暴雨内涝等城市灾害不断发生，造成了重大的经济社会影响，人们日益认识到开展城市适应气候变化工作的重要性和紧迫性。而预计到21世纪末，我国高温、洪涝和干旱灾害风险将加大，而快速城市化、人口老龄化和财富积聚将对气候灾害风险有明显的叠加和放大效应。而且目前许多城市暴露出综合适应能力不足的问题。因此，开展城市适应研究工作，推进城市适应管理进程，提高我国城市综合适应能力，既是顺应国际社会应对气候变化的基本需要，也是保障我国经济社会平稳健康发展的必然需求。

目前，虽然我国城市适应气候变化的工作还处于起步阶段，但国家对其越来越重视。2016年国家发展改革委与住房和城乡建设部联合发布了《城市适应气候变化行动方案》，并启动了气候适应型城市建设试点。这些工作为开展城市适应气候变化工作提供了很好的方向指引，有效推动了城市适应理论与实践探索。但总的来说，目前我国城市适应气候变化科研工作还处在不断探索的阶段，亟须对区域气候变化影响特征和具体气候城市适应类型开展有针对性、科学的实践探索。因此，本文将在梳理相关进展的基础上，系统总结气候变化影响，从城市系统理论出发，基于不同主体适应需求，建立整体适应理论框架以对城市适应情况进行分析，并剖析典型城市气候变化类型特征，有针对性地提出适应对策，以期为城市应对气候变化决策与管理提供科学依据。

二 气候变化对城市系统的影响

城市地区因其特殊的地理位置、规划布局、下垫面因素以及承灾体分布等特征，更容易受到气候变化的影响。近年来，全球气候变化引起的内涝、高温、干旱等气象灾害的发生频率和造成的损失明显增加（科学技术部社会发展科技司等，2011；Wilhelmi & Hayden，2010；Dousset, Gourmelon, & Laaidi，2011），对城市系统经济运行、社会发展、人体健康等造成的威胁日益加剧。总结起来，气候变化对城市系统的影响主要体现在基础设施、产业发展、人体健康等方面。

（一）气候变化对基础设施的影响

由于我国城市基础设施存在规划建设缺乏气候论证、设计标准偏低以及防灾预警体系不健全等问题，气候变化影响严重，内涝、高温等气象灾害频发，严重威胁城市基础设施安全。概括起来，气候变化对城市基础设施的影响主要包括：一是极端天气气候事件直接破坏城市基础设施，造成重大人员伤亡与财产损失；二是气候变化影响城市基础设施的正常运行。气候变化引起的内涝、高温、暴雪等事件常使城市交通、供电、供水、供暖、供气、通信等生命线系统局部故障或损坏，导致功能失常或丧失，影响正常运行与功能发挥。

（二）气候变化对产业发展的影响

气候变化对城市产业发展的影响可分为两方面：直接影响和间接影响。直接影响包括气候变化引起的极端天气气候事件直接破坏城市产业设备以及增加生产成本等，还会影响产业正常生产，进而影响企业效益，如气候变化影响原材料产量与质量、生产条件以及供应链等。间接影响包括以下三方面。一是国家气候环境政策对产业发展产生影响。如我国政府2009 年提出到 2020 年单位国内生产总值二氧化碳排放比 2005 年下降 40% ~

45％的约束性指标，指标的落实以及碳税、碳交易等相关政策的执行最终将由企业来承担，体现在企业生产上。二是在以争夺碳排放权为焦点的气候变化博弈下，发达国家已通过在国际贸易中设置碳关税贸易壁垒，影响我国行业与企业的国际竞争力（郭士伊，2013）。三是随着民众环保与低碳意识的增强，将更加重视企业环保责任以及低碳产品选择，从而对企业产品研发、销售以及管理产生重要影响。

（三）　气候变化对人体健康的影响

气候变化导致高温热浪、低温冻害等极端事件频发，除了直接作用于人体造成人员伤亡外，还会引起各类传染性疾病的患病风险增加（Dousset, Gourmelon, & Laaidi, 2011；许吟隆等，2013）。气候变化对人体健康的影响包括两方面。直接影响方面，高温热浪、暴雨内涝、低温冻害等极端天气气候事件造成人员伤亡，另外气温波动会对人体机能产生重要影响，特别是老人、儿童、患病者等脆弱敏感人群。气温升高可造成患心血管、呼吸道疾病等的脆弱人群的死亡风险加大，也会造成媒介传播疾病传播速度加快。低温天气影响人体正常机能，可造成流行性感冒等季节疾病暴发。间接影响方面，极端事件通过影响食物、淡水等的正常供给，给人体健康造成一定程度的影响。

三　城市适应气候变化理论框架分析

目前，我国虽重视城市适应工作，但整体上适应工作仍相对滞后，理论成果还较少，更多的是对迫切开展城市适应工作的呼吁，研究成果相对分散，缺乏整体系统的适应框架。因此，目前亟须对成熟可行的适应理论框架、城市适应有效模式等方面开展研究（European Commission，2013）。本部分基于主体需求，对城市适应整体框架进行分析，以明确气候变化对城市的影响以及城市适应机制，并深入探讨城市适应气候变化的相关对策。

基于科学合理、系统设计、突出重点等原则，以趋利避害为适应核心，按照"为何适应、谁要适应、怎么适应"的逻辑思维，本部分重点从气候变化、影响评估、适应需求、适应行动等方面来建立城市适应整体理论框架（见图1）。

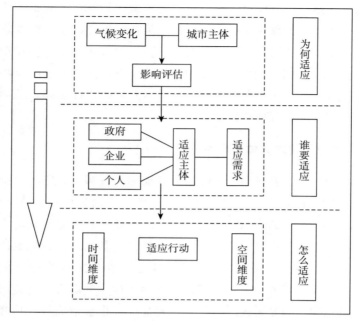

图 1 城市适应整体理论框架

（一）城市适应工作依据

城市地区建筑密集、人口众多、经济发达，具有系统复杂性、整体脆弱性等显著特征。气候变化已经并将继续对城市整体系统产生重大影响。因此，气候变化影响是气候变化危害性与人类社会脆弱性相互作用的结果。本部分将重点分析城市适应工作的由来与依据，即"为何适应"的问题。气候变化对城市系统产生影响是开展适应工作的由来。按照产生时间维度，城市适应工作依据包括影响评估与风险评估。影响评估是对城市地区已发生与正在发生的气候变化影响的认识，一般可通过实地观测、调查研究等方式获得。风险评估是对城市地区未来可能发生气候变化影响的分析，可通过气候模型模拟等获得。

（二）城市适应主体识别

本部分将重点分析城市适应工作的主体与需求，即"谁要适应"的问题。由于气候变化影响的不可避免性、全局性，根据利益相关者理论分析，分布在城市里任何受气候变化影响的个人、组织和单位都应是适应主体，总体适应需求是保障城市正常运行，减少生命财产损失。由于受气候变化影响程度不同，有些主体明显，有些主体模糊，同时不同适应主体的具体需求也不同。考虑到城市系统组成以及不同主体的适应需求和强烈程度，城市适应主体应包括政府、企业、个人三类。在不同气候变化影响条件下，适应主体和利益相关方不同，具体适应需求不同，因此适应目标与行动也不同。

（三）城市适应内容组成

本部分将重点分析城市主体面临气候变化影响时"怎么适应"的问题。城市适应内容是指基于已有气候变化科学知识，政府、企业、个人等不同适应主体调整政策、技术、信息以及能力等的行动集合，在此过程中需要把握好灾前、灾中、灾后的时间维度以及住宅、社区、区县的空间维度。

1. 政府

政府作为城市适应工作的关键承担者，需要制定相关政策、措施等保障城市系统正常运行，减少因气候变化而造成的各类灾害损失，提高综合适应能力。其适应工作包括以下几方面内容。

开展适应制度安排。将适应工作纳入政府日常安排，建立多部门共同参与的决策协调机制，形成全社会广泛参与的适应行动机制。在安排适应措施时，要将生态性、工程性、技术性、制度性等类型结合起来。

修订城市设施标准。在城市相关设施规划设计、建设管理中，要充分考虑气候变化影响与应对海平面上升、内涝防治等适应需求，根据气候条件的变化修订城市设施设计建设、运行调度和养护维修的具体标准。

加强气象灾害防治。针对气候变化引起的灾害损失影响，加大政策、技术、资金、人力、能力等要素投入力度，保障城市生命线系统的正常运行，形成融工程性、技术性以及制度性为一体的城市综合防治体系（潘家华、郑艳，2010）。

2. 企业

企业可通过调整生产作业方式、制定灾害应急预案等行动来增强气候灾害风险意识，减少实际灾害损失。一是调整生产作业方式。针对高温、内涝、干旱等灾害的影响，因地制宜调整生产时间、作业方式、生产设备等，以保障企业正常生产。二是制定灾害应急预案。针对各类极端事件可能造成基础设施网络和关键服务业（如电力、供水和应急服务）中断等风险，要制定灾害应急预案，加强水电、原材料等应急物资储备与适应能力建设，尽量减少各类损失。

3. 个人

作为城市系统中的重要组成部分，个人可通过改变日常生活方式、增强综合适应意识等来适应气候变化。一是增强综合适应意识。通过知识讲座、科普宣传等活动，增强人们获取气候信息的意识，提高综合适应能力。二是改变日常生活方式。尤其是针对敏感脆弱人群，要制定高温干旱、低温冻害等极端事件的应急预案，减少身体发病和意外死亡风险，具体通过改变日常出行、工作方式，加强淡水、食品应急储备等形式来适应气候变化。

四　典型城市适应案例研究

我国地域辽阔、气候多样，不同城市地理环境、经济水平、气候特征等差异明显，气候变化影响也有所不同，因此适应需求与任务亦趋于多样，相应的对策行动亦不同。本部分将对不同类型城市进行详细的案例研究，以确定不同地点、不同影响类型城市的具体适应内容以及相关适应对策。

具体是基于常见气候变化影响特点，筛选出典型城市适应类型，并根据不同城市面临的气候影响类型来分析类型特征、构建适应模式，以为更好地开展适应气候变化行动提供指导。气候变化对城市系统造成的影响常表现为暴雨内涝、海平面上升、高温热浪、干旱缺水以及其他极端天气气候事件（IPCC，2014；《第二次气候变化国家评估报告》编写委员会，2011）。因此，基于不同城市的气候变化灾害特征，本着突出主导因素以及主要适应需求的原则，本文将城市适应类型主要划分为暴雨内涝型、海平面上升型、高温热浪型、干旱缺水型以及其他极端天气型五类，具体在分析各类型特征的基础上，分别构建适应对策。

（一）暴雨内涝型

城市暴雨内涝灾害是指由于短时强降水或连续性降水超过城市排水能力，地表径流过多，在地势低洼、排水不畅等情况下而形成大量积水的城市自然灾害。近年来，随着全球气候变化影响加剧，我国台风、暴雨等极端天气气候事件频发，常造成城市内涝灾害，对城市运行管理和人们生产生活产生严重影响。特别是许多大中型城市地区，由于承灾体密度大、不透水地面增加、排水不畅等因素，强降雨常引起城市内涝频发，使房屋倒塌、交通瘫痪以及通信、供水、供电、供气等城市生命线系统受到严重影响。未来随着我国城镇化进程的加快，城市规模将不断扩大，预计内涝灾害将频繁发生。

1. 类型特征

（1）近期频繁发生，造成损失严重。随着全球气候影响变化加剧以及我国城镇化进程加快，许多城市内涝灾害频发，由于缺乏有效的适应对策与行动，社会经济损失严重。根据住建部 2010 年对我国 32 个省的 351 个城市的内涝情况调查报告（谢映霞，2013），2008～2010 年共有 213 个城市发生过不同程度的内涝灾害，占调查城市的 60.7%。一般而言，城市内涝灾害除了造成生命、财产直接损失外，还会造成影响企业正常生产等间接损失。

（2）降水超过排水，过程机理清晰。根据降水形成过程，城市内涝灾害一般包括降雨产流、汇流演进和内涝致灾三个过程。一是降雨产流过程。这一过程一般要经过降雨、截留、入渗、产流四个环节。城市综合体独特的整体环境条件使运行于这些过程中的雨水发生变化，最终造成产流系数增大，地表径流量增加。降雨方面，城市地区独特的"热岛效应""雨岛效应"增加降雨频率与强度（张冬冬等，2014）；截留方面，由于缺少植被覆盖，城市地区降水截留损耗少，降落到地面上的雨水就多；入渗方面，城市地区高密度的不透水地面阻碍雨水渗透，入渗水量减少；产流方面，城市不透水地面特别是柏油、水泥等地面粗糙度小（匡文慧等，2013），雨水能快速汇集，加快地表径流产生。二是汇流演进过程。在城市特殊下垫面条件下，强降雨常造成地表径流增多、径流量增大、汇流速度加快，极易产生地表洪水（Suriya & Mudgal，2012）。此时，若无管网排水，洪水将快速流向城市低洼地带，从而造成雨水汇集而发生城市内涝灾害。三是内涝致灾过程。随着城市地表雨水量的增多，若排水管网不通畅，又缺乏河流、湖泊、湿地等水体对地表径流的调蓄，地面积水量会迅速增加，此时若超过排水能力，就会产生内涝积水，造成各类承灾体被淹没、浸泡，进而产生内涝灾害。

2. 适应对策

基于内涝灾害形成演进过程，本着可操作性、可行性等原则，主要从降雨产流、城市承灾体两方面来提出对策。

降雨产流方面，主要采用截、渗、蓄、滞、排等方法减少地表径流。一般而言，降雨产流需要经过降雨、截留、入渗、产流、汇流等过程。因此，要减轻内涝灾害首先就要从减少地表径流入手，要开展集源头消减、过程控制、末端处理（谢映霞，2013）于一体的全过程调控内涝灾害防治体系。具体就是要通过增加城市绿地与水体、减少不透水地表、修建临时蓄洪场所以及加强排水管网建设等措施蓄洪排涝。

城市承灾体方面，通过加强暴雨监测预警等来提高城市综合适应能力。内涝灾害的产生，既是天灾又是人祸。除了要加强城市气象灾害的监测预警系统建设，提高早期预警、提前防范的能力外，还需要通过加强适应规划、完善设施建设、强化应急管理等来提高城市综合适应能力（郑艳，2013）。

（二）海平面上升型

随着我国沿海地区经济社会的快速发展，更多的基础设施、居民人口、经济产业向沿海地区集中。加之全球气候变化大背景下海岸带洪水、飓风、海啸等极端灾害事件的加剧，沿海地区正面临气候变化带来的重大灾害风险。其中，海平面上升是沿海地区面临的首要威胁。

1. 类型特征

海平面上升是由全球气候变暖导致的海水增温膨胀、陆源冰川和极地冰盖融化等因素造成的，一般会使沿海地区风暴潮、海岸侵蚀以及海水入侵等海洋灾害逐渐加剧。我国沿海地区城市密集、产业集中、人口众多，海平面上升已给沿海城市带来了重大影响。主要危害有海水入侵直接淹没城市，造成人员伤亡与财产损失。同时，海平面上升还会使各类风暴潮与洪涝灾害影响加剧，造成海岸侵蚀，产生海水倒灌、咸潮上溯以及土壤盐渍化加重等灾害，严重威胁城市生命线系统、沿海核电站等基础设施安全运行（国家发展和改革委员会应对气候变化司、中国 21 世纪议程管理中心，2012）。

2. 适应对策

（1）加强整体规划与布局。要开展海平面上升影响风险评估，针对气候变化可能造成的不利影响，将适应工作纳入城市整体规划中。沿海城市特别是高风险地区要制定海平面上升应对规划与行动方案，统筹布置监测预警、灾害应急、防灾减灾等对策，统筹安排工程性与非工程性措施，统筹考虑近期、中期、远期行动计划安排。

（2）适时修建各类防护性工程。在沿海城市高风险区要加强堤防工程建设。新建海堤要提高设计和建设标准，已有海堤要通过加高加固堤坝来提高防御能力。同时，要加大沿海排水工程、防护林体系、湿地保护等建设力度，提升海岸综合防护能力。

（3）因地制宜采取非工程性措施。一要加强海平面变化监测预警，提高风暴潮等灾害的综合应对能力；二要通过教育培训等手段来增强沿海城市居民的灾害风险意识；三要通过发展巨灾保险等来减少海平面上升可能造成的灾害损失。

（三）高温热浪型

高温热浪是指一段持续性的高温过程，且持续时间较长，引起人类、动植物不能适应并且产生不利影响的一种气象灾害。中国气象学上一般把日最高气温达到或超过35℃时称为高温，把连续数天（3天以上）的高温天气过程称为高温热浪。近年来，随着全球气候变化影响加剧，许多城市发生高温热浪灾害，给人们的生产生活造成巨大影响（Dousset, Gourmelon, & Laaidi, 2011；Wilhelmi & Hayden, 2010）。气候变化影响与城市热岛效应相结合，将使城市地区面临更多的高温日数、更高的高温度数、更长的高温持续时间，再加上城市地区房屋建筑密集、人口高度聚集，将使高温热浪灾害更加严重。因此，近年来由气候变暖导致的高温热浪袭击致死人数大幅增加，中暑、皮肤病、腹泻等疾病发病率也呈明显上升趋势。

1. 类型特征

气候变化造成高温热浪灾害频发，已给城市人们的生产生活造成重大影响。生活方面，高温热浪超过人体的耐受极限，造成各类承灾体发病甚至死亡。常见的是高温热浪引起人们中暑、疾病多发甚至死亡，特别是老人、儿童以及心血管病患者等敏感脆弱人群。生产方面，高温热浪一般会通过影响企业生产环境、水电供应等给企业造成经济损失，特别是为保障正常生产会增加企业对电力制冷等的需求，一般会增加企业经济成本，加重城市整体电力负荷。

2. 适应对策

（1）加强城市应对高温热浪规划。充分考虑高温热浪的具体影响与应对需求，通过规划布局避暑纳凉场所、统筹安排空气流通通道、合理配置城市水体（水系、湖泊、湿地等）等措施来应对城市高温热浪。

（2）制定城市高温热浪应急预案。针对城市高温热浪影响风险，制定专项应急预案。例如，建立高温天气监测预警网络和公共信息服务系统（葛全胜等，2009），分析和评估高温热浪事件的健康风险，并建立预警和应急响应机制。针对老人、儿童等敏感脆弱人群专门制定高温热浪应急预案。加强城市生命线系统的高温风险评估，确保城市正常安全运行。制定高温热浪时期的生产生活作息安排，合理调整户外工作人群的工作时间等。

（四）干旱缺水型

城市地区人口集中、经济集聚，水资源供需矛盾突出、水环境脆弱、水安全压力大。特别是随着我国城镇化进程的加快，城市人口不断增加、经济社会不断发展使城市用水量不断增加，再加上受全球气候变化影响，城市干旱缺水呈加重趋势。

1. 类型特征

（1）我国城市干旱缺水范围较广。根据住建部 2014 年发布的数据，我国 657 个城市中有 300 多个属于联合国人居环境署评价标准的"严重缺水"和"缺水"城市。这是因为：一方面，随着城市规模扩张，城市需水量增加；另一方面，很多城市属于水质型缺水城市，工业生产、居民生活等造成城市地下水污染严重。再加上受全球气候变化、生态环境等因素影响，很多城市出现季节性干旱缺水现象。

（2）城市干旱缺水造成严重影响。特别是季节性干旱会使城市部分高耗水企业停产、居民限量供水等，这些都影响企业正常生产、居民正常生活，造成重大经济社会损失。

2. 适应对策

（1）加强城市水源工程与综合节水建设。通过拦、引、蓄等工程建设来增加城市水源，提高城市供水能力，减少季节性干旱的影响。另外，通过推广节水技术、适当提高水价、提高用水效率、宣传节水理念等途径来提高城市综合节水能力。

（2）制定城市干旱缺水应急预案。建立城市抗旱应急工作机制，以明确相关部门职能；加强干旱监测预警，提前发布城市旱情等级；加强城市应急备用水源建设，通过建立科学合理的水源调配机制来保障城市干旱时有水可用，最大限度地减轻干旱造成的影响。

（五）其他极端天气型

常见的与降水有关的极端天气气候事件有暴雨、干旱等，与气温相关的极端事件有高温热浪、寒潮、低温冻害等，与能见度有关的极端事件有沙尘天气、雾霾等，而与气压有关的极端事件有热带气旋、台风等，还有其他极端事件包括局地冰雹、雷电、极端暴风雪、雨雪冰冻等。本部分将重点对城市地区常见的雷电、冰雹等极端天气进行讨论。

1. 类型特征

随着全球气候变化影响加剧，再加上各类城市效应叠加，近年来冰雹、冷雨、低温冻害等各类极端天气时有发生，给城市居民生产生活造成巨大影响。根据国家统计局 2019 年 2 月发布的《中华人民共和国 2018 年国民经济和社会发展统计公报》，2018 年全国仅因低温冷冻和雪灾造成的直接经济损失就达 434 亿元。同时，这些极端天气通过干扰城市生命线系统来影响城市的正常运转。如雷电天气常造成电力系统中断，低温冻害影响城市居民正常生产生活，甚至威胁人体健康。

2. 适应对策

针对各类极端天气影响，除了要根据灾害特征因地制宜采取应对措施外，还要有针对性地编制城市应对极端天气预案。具体包括：加强监测预警与灾害风险防范；根据天气事件类型合理安排应对策略，如遇低温冻害天气时，就要将城市定期供暖适时调整为弹性供暖等。

五　结论与讨论

（一）结论

当前，我国正处于快速城镇化阶段，越来越多的人口、产业向城市地区聚集，城市气候变化整体脆弱性不断增加，面临的气候灾害损失风险不断升高。城市适应工作受到越来越多的关注和重视。本文在系统梳理气候变化对城市系统影响的基础上，从理论框架和案例研究两个层面对城市适应开展研究与探讨，主要结论如下。

（1）城市地区是开展适应工作的重点。应在城市发展规划中考虑气候变化适应问题，要明确以趋利避害为核心的适应行动，加速城市适应主流化进程。

（2）构建城市适应整体理论框架。按照"为何适应、谁要适应、怎么适应"的逻辑思维，从气候变化、影响评估、适应需求、适应行动等方面入手，构建一个综合性、标准化、流程化的城市适应整体理论框架。

（3）深入剖析典型类型城市适应模式。根据引起城市灾害的主导因素与主要适应需求，将城市适应类型主要划分为暴雨内涝型、海平面上升型、高温热浪型、干旱缺水型以及其他极端天气型五类，并在分析各类型特征的基础上，分别构建适应对策。

（二）讨论

我国城市适应气候变化研究工作整体上还处于不断探索阶段。在此过程中，一些重要的科学问题将陆续被发现与提出。因此，在未来的研究工作中，很多涉及城市适应科学、适应技术以及适应管理等方面的问题有待探讨。

适应科学上，要针对不同城市面临的气象灾害类型，详细剖析气象灾害产生机理与过程（黄增健，2013；赵荣钦、黄贤金，2013），并以此开展基于灾害产生机理的对策分析。同时，要基于城市本地特征与气候变化特征，开展城市适应气候变化能力评估工作（赵春黎等，2018；刘霞飞等，2019）。

适应技术上，要系统梳理城市现有适应技术，编制适应技术清单，构建满足我国不同类型城市需求的适应气候变化技术体系（潘志华、郑大玮，2013）。特别是在城市重点行业、不同领域、重要系统中，深入开展适应技术的综合集成与示范研究工作（吴蔚等，2017；孙成永、康相武、马欣，2013；潘韬等，2012），努力探索适合不同城市类型的适应技术集成模式并加以推广应用。

适应管理上，要在摸清我国城市综合适应水平的基础上，通过面向城市的适应教育培训、知识宣传推广、科学会议研讨等方式方法来加强城市综合适应能力建设。同时，要将"自上而下"的政府举措与"自下而上"的企业、个人应对策略相结合（曾静静、曲建升，2013），提高对适应气候变化的整体认知水平（周景博、冯相昭，2011）。而政府要从政策法规、体制机制（冯潇雅、李惠民、杨秀，2016）、规划设计、标准规范、技术推广等方面推进适应气候变化的行动，加速适应行动主流化（冯相昭，2012）。

参考文献

《第二次气候变化国家评估报告》编写委员会，2011，《第二次气候变化国家评估报告》，北京：科学出版社。

冯相昭，2012，《应对气候挑战，加快适应气候变化主流化进程》，《环境经济》第 C1 期。

冯潇雅、李惠民、杨秀，2016，《城市适应气候变化行动的国际经验与启示》，《生态经济》第 11 期。

葛全胜、曲建升、曾静静、方修琦，2009，《国际气候变化适应战略与态势分析》，《气候变化研究进展》第 6 期。

郭士伊，2013，《全球气候变化背景下的企业适应策略》，《节能与环保》第 6 期。

国家发展和改革委员会应对气候变化司、中国 21 世纪议程管理中心，2012，《气候变化对中国的影响评估及其适应对策：海平面上升和冰川融化领域》，北京：科学出版社。

黄增健，2013，《农业主体适应气候变化的经济学分析》，《石河子大学学报》（哲学社会科学版）第 5 期。

科学技术部社会发展科技司、中国 21 世纪议程管理中心，2011，《适应气候变化国家战略研究》，北京：科学出版社。

匡文慧、刘纪远、张增祥、Lu Dengsheng、香宝，2013，《21 世纪初中国人工建设不透水地表遥感监测与时空分析》，《科学通报》第 C1 期。

刘霞飞等，2019，《我国西部地区城市气候变化适应能力评价》，《生态经济》第 4 期。

潘家华、郑艳，2010，《适应气候变化的分析框架及政策涵义》，《中国人口·资源与环境》第 10 期。

潘韬、刘玉洁、张九天、王文涛，2012，《适应气候变化技术体系的集成创新机制》，《中国人口·资源与环境》第 11 期。

潘志华、郑大玮，2013，《适应气候变化的内涵、机制与理论研究框架初探》，《中国农业资源与区划》第 6 期。

孙成永、康相武、马欣，2013，《我国适应气候变化科技发展的形势与任务》，《中国软科学》第 10 期。

吴蔚等，2017，《上海城市适应气候变化关键技术研究进展》，《气象科技进展》第 6 期。

谢映霞，2013，《从城市内涝灾害频发看排水规划的发展趋势》，《城市规划》第 2 期。

许吟隆、吴绍洪、吴建国、周晓农，2013，《气候变化对中国生态和人体健康的影响与适应》，北京：科学出版社。

曾静静、曲建升，2013，《欧盟气候变化适应政策行动及其启示》，《世界地理研究》第 4 期。

张冬冬等，2014，《城市内涝灾害风险评估及综合应对研究进展》，《灾害学》第 1 期。

赵春黎等，2018，《基于暴露度—恢复力—敏感度的城市适应气候变化能力评估与特征分析》，《生态学报》第 9 期。

赵荣钦、黄贤金，2013，《城市系统碳循环：特征、机理与理论框架》，《生态学报》第 2 期。

郑艳，2013，《推动城市适应规划，构建韧性城市——发达国家的案例与启示》，《世界环境》第 6 期。

周景博、冯相昭，2011，《适应气候变化的认知与政策评价》，《中国人口·资源与环
　　境》第 7 期。

Dousset, B. , Gourmelon, F. , & Laaidi, K. , 2011, "Satellite Monitoring of Summer Heat
　　Waves in the Paris Metropolitan Area," *International Journal of Climatology* 31 （2）：
　　313 – 323.

European Commission, 2013, *The EU Strategy on Adaptation to Climate Change.*

IPCC, 2014, *Climate Change* 2014： *Impacts, Adaptation and Vulnerability,* Cambridge：
　　Cambridge University Press.

Suriya, S. , & Mudgal, B. V. , 2012, "Impact of Urbanization on Flooding： The Thiruso-
　　olam Sub Watersheda Case Study," *Journal of Hydrology* 412： 210 – 219.

Wilhelmi, O. V. , & Hayden, M. H. , 2010, "Connecting People and Place： A New
　　Framework for Reducing Urban Vulnerability to Extreme Heat," *Environmental Research
　　Letters* 5 （1）： 14 – 21.

责任编辑：徐健

城市居民垃圾分类参与度的
影响因素研究

——以湖南省怀化市 Y 社区中 4 个小区为例

冯媛媛　　田　倩 *

摘　要：改革开放以来，我国经济活动频繁，导致生活垃圾的大量排放，严重影响人们的生活质量，垃圾分类迫在眉睫。然而，近年来即使在国家积极推行垃圾分类的政策下，每年的垃圾生产量仍在不断增加，首批示范城市也是宣传大于行动，效果不佳。因而，探讨是什么制约着垃圾分类的居民参与，对推行垃圾分类十分必要。本文根据现阶段我国垃圾分类的推行情况，通过实地调研收集数据资料，构建分析框架和指标体系，探讨影响居民垃圾分类参与度的因素。以湖南省怀化市 Y 社区中 4 个小区的样本为例，利用 SPSS 19.0 进行多因素方差分析和多元回归分析，从而得出年龄、性别对垃圾分类有显著影响，六大公共因子呈正向影响，据此为垃圾分类中的居民参与行为提供理论参考，使城市居民参与成为社区垃圾处理的重要一环，从而能够从源头上改善和解决有关城市生活垃圾的诸多问题。

关键词：垃圾分类　参与行为　影响因素　因子分析　SPSS

---

* 冯媛媛，女，贵州大学公共管理学院公共行政系教师，在读博士，研究方向为社区治理；田倩，通信作者，女，贵州大学公共管理学院城市管理专业 2015 级学生（本科），社会学专业 2019 级学生（研究生），研究方向为城市社会学。

一　引言

21 世纪以来，中国发展迅速，各种经济活动频繁，人们对生活垃圾的乱排乱倒，严重破坏着人类居住的环境，威胁着人类的可持续发展，垃圾分类迫在眉睫。目前，城市生活垃圾的治理已经成为城市治理好坏的衡量标准（Nzeadibe & Anyadike，2012；Anantanatorn et al.，2015）。环境治理问题发展至今，从最初的"以人类为中心"的末端治理，到"以生态为中心"的治理（鸟越皓之，2009：46～47），再到近年来倡导的从源头上治理，试图使环境问题能够得到一定的改善。近年来，我国各地政府也在积极探索和推行关于落实垃圾分类的各种办法。

社区作为社会和城市的缩影，犹如社会学家帕克所主张的，应该从社区的整体性去研究城市。因此，社区环境卫生也日益成为城市环境卫生的重点。社区居民作为垃圾处理的源头，其垃圾分类的行为直接影响着社区环境状况。在许多城市，政府尝试了许多能够以社区为抓手来开展垃圾分类的引导方法。理论研究表明，垃圾分类的确可以有效地提高垃圾处理的效率，促进垃圾资源化、减量化的处理。早在 2000 年，北京市、上海市、厦门市、南京市等 8 个城市就成为我国首批的垃圾分类试点城市。但在试点 10 年后，有调查显示，几乎所有城市垃圾分类工作都是宣传意义大于实际效果，因此多地政府部门制定了新的垃圾处理法规，开展各种宣传活动，但成效仍然甚微（曲英，2009）。2017 年，国家发改委、住建部发布《生活垃圾分类制度实施方案》，要求在全国 46 个重点城市实施垃圾分类，垃圾分类受到了强制性要求（童昕、冯凌，2016）。我国作为垃圾生产量最大的国家之一，近几年虽不断在强调对垃圾进行分类处理，但是城市垃圾的生产量仍然呈不断上升的趋势。

厦门是国内垃圾分类较早开始的城市，2000 年成为国内首批 8 个垃圾分类的试点城市之一。2015 年，厦门被列为国家第五批餐厨垃圾处理试点城市。厦门设置了专门的厨余垃圾回收系统，经过一系列处理后，这些垃圾就变废为宝，成为农作物不可或缺的养料。除此之外，垃圾桶的设置也十分智能，桶里安置了智能芯片，随时记录垃圾桶装载垃圾的情况，实现源头监控①。

---

① 搜狐新闻网，http://www.sohu.com/a/128075040_26870。

2010 年，贵阳市城市生活垃圾分类收集工作在各区街道办事处试点社区开展试行。2015 年 4 月，贵阳市被列为全国首批生活垃圾分类示范城市，并制定了《贵阳市城市生活垃圾分类标准》和《贵阳市生活垃圾分类收集实施方案》[①]。贵阳市不仅从制度上解决垃圾问题，而且通过理念灌输、精神和物质的奖励、软硬约束充分调动居民的积极性（朱宁宁，2017）。

2014 年，南京市率先试点了垃圾分类市场化模式。2016 年，可回收端、厨余端、App、微信等系统完成。社区采取分类引导、积分兑换、便民服务、设立自主投放日等活动，通过积分兑奖来提升居民热情。值得一提的是，所有积分产品不送袋子。截至 2017 年 12 月，"南京志达环保科技有限公司的垃圾分类工作覆盖 11 个区、54 个街道、334 个小区、26 万户居民，持卡 9 万张"[②]。

上海市于 2011 年在 1080 个小区进行试点。2014 年推行"绿色账户"制度，并出台管理办法，并且《上海市生活垃圾管理条例》将于 2019 年 7 月 1 日正式实施[③]。上海垃圾分类是一种细分化的分类，除了常见的垃圾分类标准外，还增加了干垃圾和湿垃圾的回收，其中厨余垃圾就是湿垃圾，并且在幼儿园阶段就已经开始开展关于垃圾分类相关知识的学习，力争做到从小抓起，使垃圾分类成为一种新时尚。

这一系列推行情况和居民对垃圾分类的态度皆反映了垃圾分类迫在眉睫。但事实上，多项调查显示，实际生活中垃圾分类的参与程度及垃圾投放的准确性并不高。垃圾分类的推行面临的阻力较大，受到多种因素的影响。以往研究主要从宏观层面的政策因素，如宣传教育政策、经济激励政策等，以及微观层面的内在心理因素，如价值感知、主观规范和知觉行为以及非正式回收系统感知等去分析和探寻居民参与垃圾分类的影响因素。但是，按照这样的研究逻辑与分析维度很难解释同一宏观政策背景下呈现的个体参与度的区域性差异。

近年来，复杂适应性理论关注个体对环境做出适应性反应的自主构建过程（Kilduf et al.，2006；Galaskiewicz，2007；Rowley & Baum，2008）。我们认为，这里的环境不仅仅指宏观层面的政策因素，同时还包括政策因素在内的多层次、多领域的所有情境因素。对于情境因素的全面分析与考

---

① 中国文明网，http：//www. wenming. cn/specials/hot/wmkd/201803/t20180331_4638460. shtml。

② 北极星环保网，http：//huanbao. bjx. com. cn/news/20171215/867908. shtml。

③ https：//m. baidu. com/sf_ baijiahao/s? id = 1625876242999317155&wfr = spider &for = pc.

察，也是回应和解释同一宏观政策背景下呈现个体参与度区域性差异的关键所在。因此，在特定的情境中去考察居民个体的适应性反应与行为对于垃圾分类参与度的研究而言就显得十分必要。本文以微观层次的主体意识和主体所处的外部情境以及主体在情境中的行为选择为分析维度来探讨城市居民垃圾分类参与度的影响因素。本文首先通过对国内外相关文献的整理和研究，寻找理论基础和研究方法；其次，进行实地样本收集，构建影响因素指标体系，形成分析框架；再次，对 Y 社区的居民进行问卷调查，对数据进行分析处理，探究城市居民垃圾分类参与度的影响因素；最后，根据研究结果，为发挥居民的主体作用提供建议。

二　文献回顾与理论基础

（一）国内外研究进展

自 20 世纪 70 年代后，国外学者就已经展开了对居民垃圾处理的研究。Simon（1990）在《家庭固体垃圾的减少需要公共教育的参与》中认为知识和能力与居民垃圾处理循环利用有着直接关系，如果拥有更多与之相关的知识并加以内化，那么他们就更可能选择这种行为。随着国外发达国家发展迅速，生活生产垃圾激增，在 20 世纪就已经开展了不少关于垃圾分类的研究，并大量使用定量分析方法，运用统计学方法，从 Logistic 回归、多元线性回归、方差分析、因子分析等手段中探讨影响因素。这一时期，较多研究是从个体心理层面回应垃圾分类的参与问题，发现个体心理对于居民参与行为起到了重要的作用，其中个人的道德责任意识等也对垃圾分类有着重要影响（Tonglet，Philips，& Read，2004）。Gamba 和 Oskamp（1994）也发现个人对从事垃圾分类处理的心理预期困难会制约其行为的发生，个体感知障碍是居民垃圾处理的影响因素。Schwartz（1992）的研究发现，环保行为还受到 "利他价值观" "利己价值观" 的影响。在接下来的研究中，研究者逐步关注外部环境对于居民参与行为的影响。在 Werner 和 Makela（1998）的《支持循环的动机和行为》（*Motivations and Behavior That Support Recycling*）中，作者认为预期成本即行为实施的障碍与个人实施垃圾分类有着密切关系，分别为时间、方便性和存放废物的空间，通过访谈和回归分析，发现个体的分类行为会受到外界他人的影响。Callan 和 Thomas（2006）以及 Storey 等（2015）学者进一步探讨了经济奖励与经济惩罚并行对垃圾分类有显著影响。而 Iyer 和 Kashyap（2007）的研究则进一步探究了政策实行的效果，揭示了政策需有长期性，一旦政策停止，居民的行为也会停止。随后不少学者开拓了各方面的研究，包括社区垃圾分类管理方法（Oribe-Garcia, Kamara-Esteban, & Martin et al., 2015），相关环卫设施的更新、可达性、便利性等（Peretz, Tonn, & Folz, 2005），以及管理部门对相关分类知识和政策的宣传频率与活动路径的广泛性（Pakpour et al., 2014）等政策因素对垃圾分类与回收的影响。

我国在首批垃圾分类试点城市开展相关工作之后，学者们开始运用定量分析方法，包括相关分析、因子分析等方法进行垃圾分类的相关研究。近年来，垃圾分类研究主要聚焦于以下几个方面。

一是宏观政策方面。郭子嘉、孙海龙等（2018）通过对雄安新区的垃圾分类现状进行调查，发现政策宣传不到位、相关政策未落实，导致居民对政策缺乏了解，严重制约着垃圾分类的进行，政策的落实情况影响着分类行为。吴瀚文、王金花（2017）在研究中强调要激发居民参与垃圾分类的积极性，必须加强政策引导，通过制定强制性惩罚措施等，规范居民的行为，相关部门要完善已有法规，严肃对待垃圾回收过程中的违法行为。王秋涵（2018）通过对社会调查的数据进行因素的多元分析，认为个人的分类行为受环境知识制约，个人对环境知识了解越多，在垃圾处理回收时，越会选择分类处理，因而政策宣传中应加强对环境知识的普及。

二是心理方面。陈飞宇（2018）通过多元回归分析，认为心理机制中个人价值观、环境态度、家庭责任等是驱动个人进行垃圾分类的重要因素，并提出要加强居民心理道德建设和责任心的培养。渠娴娴、曹甜甜等（2018）分别对人口统计量，以及态度、行为和认知方面运用层次回归法分析，得出垃圾分类的态度积极与否以及分类知识的了解多少对垃圾分类有着直接影响，端正态度能有效增加参与行为。陈凯、胡静（2018）通过社区调查结果，运用计划行为理论模型进行研究，证实了态度的积极性以及对垃圾分类行为的有效感知有着特殊的个体差异，对预期障碍的估计也是影响其垃圾分类参与度的因素。乔露（2017）以家庭为单位收集数据，运用统计分析和多因素分析，发现个体差异对环境态度及自身利益方面的影响较为显著。杨洋（2018）在对天长市进行调查研究中，认为由于宣传主体的局限性，无法培养居民的责任心和归属感，口头大于行动，分类意愿难以提高。

三是外部情境方面。刘曼琴、谢丽娟（2016）认为垃圾减量化的关键在于垃圾正确的投放，提出垃圾按量收取费用等外在强制规范有利于从源头解决问题，并且认为垃圾回收处理能获得显性经济收益。孟海亮、葛新权、尹洁林（2016）提出要进行垃圾计量收费，奖惩结合，从经济上规范居民的分类行为。王玉（2017）对 8 个示范城市进行调研，认为垃圾分类的推行效果受到社区基础设施、环卫系统（包括垃圾回收运行体系）的影响，垃圾处理不及时、环卫工具落后等都成为垃圾分类的制约因素。刘双双（2018）在对上海社区的调查中，证实了社区垃圾处理技术，特别是垃圾运输管理对于规范垃圾分类前端和后端都同样起着重要作用。近年来，有学者已经注意到居民个体对非正式回收系统的感知，开始关注个人感知与外部情境之间的关联，如徐林、凌卯亮、卢昱杰（2017）提及居民对非正式回收系统，即废品变卖的有效感知，并肯定了其在垃圾分类中的激励作用。王艳红、姚永鹤（2016）等人认为废物与再生资源的分类实际上高度依赖非正式经济体系的运行，"废品村"在推动垃圾分类上发挥着重要作用，建议与社区内外的非正式回收系统从业者合作，激发居民参与性。这些关于个人感知与非正式回收系统之间关系的研究在以往研究的基础上，为个体层面与外部情境相结合的分析逻辑做出了有益的补充。

尽管以往的研究都从宏观层面和微观层面对居民参与垃圾分类的影响因素进行了诸多的探讨与分析，但是宏观环境的分析太偏向于政策因素对居民参与垃圾分类的影响，忽视了不同区域的特定的情境因素，并且也未能较为详尽地关注到居民个体在特定情境中的适应性行为。我们认为，从微观层面考察居民个体的心理意识，同时考察居民个体所处的特定环境，可以在行为与情境相互调适的场域中去研究此现象和问题，这样的分析框架和研究思路将拓展现有研究的分析维度，并增强研究的现实意义。

（二）理论基础

本文基于微观的个体心理意识和宏观的外部情境两个层面去分析居民参与垃圾分类的影响因素，分别选取计划行为理论以及 A – B – C 理论作为理论分析的基础，依次对应个体心理意识与外部情境两个分析层面。

1. 计划行为理论

该理论是由 Ajzen（1985）提出的，包括五大要素，即态度、主观规范、知觉行为控制、行为意向以及行为。其中起决定作用的是态度、主观规范和知觉行为控制，影响个体行为意愿，最终决定个体的行为。态度是指对该行为所保持的消极或积极的评价，例如对该行为是赞同还是否定，是积极参与还是消极对待等。主观规范是指个体从事某种行为时，受到外界他人或团体的社会压力的影响，它可以是来自朋友的影响也可以是对社会责任的履行等。知觉行为控制反映个体即将进行的行为的过往经验以及对未来障碍的预期，如在研究垃圾分类行为时，认为这种行为意向越强烈，人们从事这种行为的可能性就越高。有学者就通过计划行为理论，探讨了回收行为的决定因素，发现回收心理和经验产生了重要的影响（Tonglet，Philips，& Read，2004）。

2. A – B – C 理论

A – B – C 理论是最早由 Guagnano 等（1995）创建的关于环境行为的模型，他认为态度（A—attitude）、行为（B—behavior）、外部情境（C—context）三者相互关联，其中态度和外部情境共同决定了行为。个人对行为的态度可以是肯定与否定、消极与积极，情绪的高低会影响个人对行为事件的评价，通常来说，越是积极的态度越能激发某种行为的产生；而外部情境包括环卫设施、宣传活动、回收体系等客观外部条件。该理论认为，人们的态度越积极，并且外部条件越有利于从事某种行为时，人们从事某种行为的可能性就越大。

三　问卷设计

为了解当前城市居民垃圾分类参与度的影响因素，本研究在借鉴了他人的测量指标和实地访谈基础上设计了初步的问卷。问卷采用李克特量表，设置"完全不符"、"比较不符"、"不清楚"、"比较符合"和"完全符合"五个选项，并分别赋值"1"、"2"、"3"、"4"、"5"，随后采取随机抽样的原则在 Y 社区中 4 个小区进行问卷调查，根据初调研结果，调整内容，形成成熟的问卷。调查分为两个阶段：预调研与正式调研。预调研主要是为了设计和调整问卷；正式调研是为了获取实证数据，进行数据分析。问卷主要包括三个部分：第一部分为人口特征信息，包括性别、年龄、收入和受教育水平等；第二部分为参与度的影响因素，包括个人心理与外部情境两个方面；第三部分为居民垃圾分类参与行为情况，以单位时间内参与垃圾分类的频数为测量标准。

（一）问卷初测与项目分析

进行预调研时，调查对象均来自 Y 社区中 4 个小区，共发放问卷 100

份，回收 98 份，问卷回收率为 98%，剔除乱填、空白等无效问卷 9 份，有效问卷为 89 份。调查对象年龄在 20～65 岁，其中男性占比为 48.2%，女性占比为 51.8%，大部分调查对象的收入在 3000～6000 元，受教育水平主要处于高中、大专与本科阶段。

为了使初步问卷更好地为正式问卷的编制提供依据，本研究进行以下相关项目分析。

1. 区分度

区分度是反映一组题目质量的重要标准，根据计算结果进行题目的删除与保留。它是通过将收集的原始数据求出量表中每一个题项的临界比率值——CR（critical ratio）值来作出判断。在对数据进行录入，各题项通过独立样本 t 检验后，要求 CR 值达到 0.05 的显著性水平，反之，不具有区分度，则需要修改或者删除。在问卷中，将第 21 题（临界比值 0.072，社区设置有专门的宣传组织和监督组织）和第 26 题（临界比值为 0.069，社区设置的垃圾按量收费使我进行垃圾分类）予以删除。

2. 因素恰当性分析

因素恰当性分析是用来确定因素是否合适的检验，通常在探索性因素分析之前进行。KMO 的值大于 0.5，则适合因素分析。如表 1 所示，KMO 的值为 0.765。

表 1　KMO 和 Bartlett 检验

取样足够度的 Kaiser-Meyer-Olkin 度量		0.765
Bartlett 的球形度检验	近似卡方	1514.628
	df	276
	Sig.	0.000

3. 问卷探索性因素分析

在通过因素恰当性检验后，本研究采用主成分因素分析法，分别对各个测量指标进行了因子分析，将因素负荷矩阵正交旋转后得到了最终的因素负荷矩阵。一般来说，负荷值小于 0.4，则说明该题项与公因素相关度低，此题项应该删除。最终生成了 6 个公因子，共 24 个题项，据此对 6 个公因子进行命名，如表 2 所示。

第一个公因子：该部分包括 4 个题项，主要反映居民是出于对社区居住环境或者城市环境的关心而进行垃圾分类。例如居民对环境问题的了解程度和重视程度，对垃圾分类在环境保护中作用等的认识，因此该因子被命名为"环境关心"。

第二个公因子：该部分包括 4 个题项，主要反映居民垃圾分类行为与实现自我价值之间的关系。例如垃圾分类是个人高素质的体现，保护环境是一种价值追求，是对个人价值的认可以及自我道德价值观、自豪感的评估，因此该因子被命名为"个人价值"。

第三个公因子：该部分包括 4 个题项，反映了居民参与垃圾分类是出于对社会的认同和强烈的责任感，大至对整个城市、社会的责任感，小至对自己所居住地的责任感。例如保护环境的公民意识和社会价值等，因此该因子被命名为"社会责任"。

第四个公因子：该部分包括 4 个题项，反映的是居民对参与垃圾分类所得到的预期经济收益。例如对居民给予的物质奖励，对随意倾倒等行为的惩罚，以及个人对可回收垃圾的经济预期以及经济惩罚等，因此该因子被命名为"经济激励"。

第五个公因子：该部分包括 4 个题项，反映了政府和有关机构、广播媒体，通过社区宣传、示范教育等手段对垃圾分类的知识进行传播而产生的影响。例如宣传教育的途径是否广泛、活动开展情况以及居民通过宣传教育学习了解到的知识等，因此该因子被命名为"宣传教育"。

第六个公因子：该部分包括 4 个题项，反映了社区中回收、处理垃圾的环境卫生设施是居民进行垃圾分类的重要基础。例如环卫设施数量的多少、放置的距离是否合理，环卫设施的便利性、可达性以及垃圾回收体系等，因此该因子被命名为"环卫设施"。

表 2　旋转成分矩阵

题项	成分					
	1	2	3	4	5	6
1. 我对环境问题非常关心	0.627					
2. 我认为环境污染预防比治理更重要，因此我选择垃圾分类	0.784					
3. 我进行垃圾分类是为了防止环境污染损害身体健康	0.748					
4. 如果大家都进行垃圾分类，环境污染会有所改善	0.735					
5. 我进行垃圾分类是因为我是一个愿意付出的人		0.863				

题项	成分					
	1	2	3	4	5	6
6. 我进行垃圾分类是因为垃圾分类是个人高素质的体现		0.824				
7. 我进行垃圾分类是因为我觉得这种行为值得学习		0.909				
8. 我进行垃圾分类是因为我是一个追求完美的人		0.878				
9. 我进行垃圾分类是为了响应政府的号召			0.649			
10. 我进行垃圾分类是因为保护环境是每个公民应尽的责任			0.689			
11. 我进行垃圾分类是希望做一些对社会有益的事情			0.740			
12. 我进行垃圾分类是希望所在的社区可以有一个良好的居住环境			0.619			
13. 我进行垃圾分类是因为受到了社区直接的经济或物质奖励				0.840		
14. 我进行垃圾分类是因为有利于我收集并卖出可回收废品获得经济利益				0.919		
15. 我进行垃圾分类是因为有利于我循环利用，变废为宝				0.909		
16. 我进行垃圾分类是因为害怕受到社区的罚款				0.897		
17. 我进行垃圾分类是因为受到了社区宣传教育的影响					0.812	
18. 我进行垃圾分类是因为我清楚地了解垃圾分类的相关知识					0.714	
19. 社区经常开展垃圾分类的相关活动					0.510	
20. 我认为社区对于垃圾分类的宣传比较全面，我们了解的途径比较广泛					0.519	
21. 我认为社区里的垃圾分类箱数量比较多，因此我愿意进行垃圾分类						0.903
22. 我认为垃圾分类箱放置距离适当，方便投放，促使我进行垃圾分类						0.944
23. 社区垃圾分类处理的标识醒目，提醒我要进行垃圾分类						0.912
24. 社区垃圾分类回收，我对社区的收运体系比较满意						0.915

（二）问卷的信度和效度分析

1. 信度检验

信度，即可靠性和稳定性，也就是测试在不同时间测得结果的一致性，信度越高，结果越可靠。信度指标 Cronbach's Alpha 系数在 0.8～0.9，说明信度较好；系数在 0.6 以下则说明问卷存在问题，应重新进行编制。如表 3 所示，本研究的总体信度为 0.893。

表 3　可靠性统计量

Cronbach's Alpha	项数
0.893	24

2. 效度检验

效度就是有效性，即测量工具或手段在多大程度上反映了我们想要测量对象的程度，效度越高，说明测量工具越能反映所测对象的真实性。本问卷是在借鉴了他人设计的量表和实地调查基础上，进行初步设计，根据预调研的结果进行项目分析，剔除、保留题项，形成正式问卷，最终所保留的题项区分度和内部一致性都较好。

（三）验证性因子分析

经过了信度、效度检验以及探索性因素分析后，对问卷划分维度，删除因子负荷不达标的题项，运用 AMOS 再次进行验证性因子分析，通过结构方程模型检验测量项与因子间的关系是否符合研究设想，如图 1 所示。

结果如表 4 所示，表明卡方自由度比值为 1.512（<2）；拟合优度指数（GFI）、调整拟合优度指数（AGFI）、规范拟合指数（NFI）、修正拟合指数（IFI）、比较拟合指数（CFI）皆大于 0.9，表示模型拟合较好；一般认为，近似误差均方根（RMSEA）小于 0.05 为接近拟合，处于 0.05 和 0.08 之间为拟合合理，RMSEA 值为 0.057，表示拟合合理，因此该模型与数据拟合较好。

表 4　验证性因子分析

拟合优度指数（$p = 0.000$）

x^2/df	GFI	AGFI	NFI	IFI	CFI	RMSEA
1.512	0.977	0.956	0.973	0.983	0.983	0.057

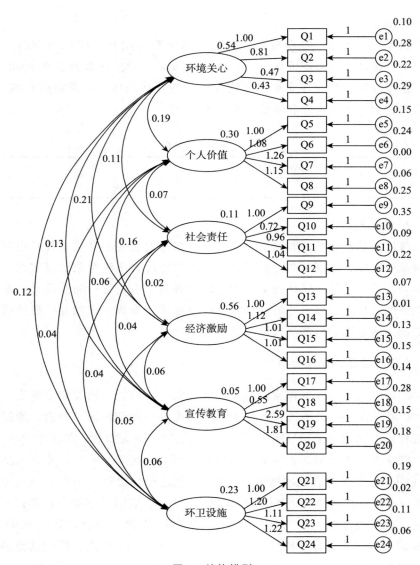

图 1 结构模型

四　影响因素分析

（一）研究假设

垃圾分类的主体是城市居民，他们的行为受多种因素的影响。多种因素既包括个体层面的心理因素、人口背景特征等，又包括宏观层面的外部情境因素，它们共同发挥作用来影响居民的垃圾分类行为（见图2）。本文以计划行为理论和 A－B－C 理论为基础，在相关理论包含的变量基础上，通过前人相关理论的应用研究以及实地考察，最终形成了环境关心、个人价值、社会责任、经济激励、宣传教育、环卫设施6个潜变量，在此基础上，本文将对潜变量以及人口特征与垃圾分类参与度之间的相关程度进行测量。

1. 个体心理因素

环境关心：是指居民参与垃圾分类是出于对社区居住环境或者城市环境的关心。计划行为理论认为态度，即人们对进行某种行为的积极或消极情感，会影响垃圾分类参与行为（Tonglet，Philips，& Read，2004）。环境问题是我们每个人都面临的，它与个人相互依存、相互影响，是休戚与共的共同体，人们越关心环境问题，越会积极参与。由此，本研究提出假设1a：环境关心对居民参与垃圾分类存在显著影响。主要包括对环境问题的关心程度、对环境知识的了解程度、环境卫生对身体的危害等测量项目，设置"完全不符"、"比较不符"、"不清楚"、"比较符合"和"完全符合"五个选项，并分别赋值"1"、"2"、"3"、"4"、"5"，计算得分。

个人价值：是指居民参与垃圾分类的过程中满足个人的心理需要，通常是满足于对自己切身利益的实现，也是满足于对自己人格的认可和贡献。这种对个人价值的追求使人们参与垃圾分类。计划行为理论认为个人的行为受到行为意向的引导，行为意向除包括态度、主观规范等三个方面外，在 Schwartz（1992）的研究中发现，环境保护行为还受到"利他价值观""利己价值观"的影响。由此，本研究提出假设1b：个人价值对居民参与垃圾分类存在显著影响。主要包括个人意愿、个人高素质的体现以及对个人价值追求的测量项目，采用李克特量表测量，设置"完全不符"、"比较不符"、"不清楚"、"比较符合"和"完全符合"五个选项，并分别赋值"1"、"2"、"3"、"4"、"5"，计算得分。

社会责任：是指居民参与垃圾分类是出于对社会的道德意识和责任感。居民对自己所居住社区的责任感和道德义务，推动人们积极参与垃圾分类。通过广泛的基层宣传、指导，人们理解并认同环境保护的观念，会积极响应政府构建生态文明城市的号召。计划行为理论认为主观规范是对外界压力做出的反应，对垃圾分类有着直接影响，但是相关研究表明该变量影响甚微，因此不少研究者建议将道德责任、社会义务等列入模型。Tonglet 等（2004）的研究也发现个人的道德责任意识等也对垃圾分类有影响。由此，本研究提出假设 1c：社会责任对居民参与垃圾分类存在显著影响。主要包括居民投身环境保护的公民意识、响应政府号召的意愿、为社会做贡献，以及对居住地责任感的测量项目，设置"完全不符"、"比较不符"、"不清楚"、"比较符合"和"完全符合"五个选项，并分别赋值"1"、"2"、"3"、"4"、"5"，计算得分。

2. 外部情境因素

A – B – C 理论模型认为个体的行为受到态度以及外部条件的制约，因而认为当外部条件越有利于垃圾分类时，个体越愿意参与垃圾分类（Guagnano，Stern，& Dietz，1995）。本研究主要包括三个方面的测量。

经济激励：是指通过对居民垃圾分类的行为给予一定的经济、物质补偿或者惩罚，从而鼓励垃圾分类，禁止乱扔乱放。我国已有社区采取利用积分换取生活用品等物质奖励、有偿回收等方法来激励居民参与垃圾分类，也有部分社区通过采取垃圾按量收取费用的措施以及罚款措施来有效推动垃圾分类（徐林、凌卯亮、卢昱杰，2017）。由此，本研究提出假设2a：经济激励对居民参与垃圾分类存在显著影响。主要包括社区经济或物质奖励、非正式回收系统的激励、循环利用以及社区经济惩罚的测量项目，设置"完全不符"、"比较不符"、"不清楚"、"比较符合"和"完全符合"五个选项，并分别赋值"1"、"2"、"3"、"4"、"5"，计算得分。

宣传教育：是指由政府通过社区宣传、示范教育等手段对垃圾分类的知识进行传播，以增加居民的知识储备，增强思想意识，使其主动参与垃圾分类。已有研究发现，宣传活动的频率能有效提高居民的垃圾分类意愿，并且通过宣传教育，能有效地增加居民的垃圾分类知识储备（吴瀚文、王金花，2017）。由此，本研究提出假设 2b：宣传教育对居民参与垃圾分类存在显著影响。主要包括社区宣传、分类知识的宣传程度、活动开展的频率以及宣传途径的测量项目，设置"完全不符"、"比较不符"、"不清楚"、"比较符合"和"完全符合"五个选项，并分别赋值"1"、

"2"、"3"、"4"、"5"，计算得分。

环卫设施：是指在社区中回收、处理垃圾的环境卫生设施，通常是指垃圾分类箱。环卫设施是居民进行垃圾分类的重要载体，是社区情境的重要组成部分，环卫设施的好坏、数量的多少、放置是否合理以及便利性都十分重要（王玉，2017）。一些研究发现，垃圾分类箱的放置是否科学成为居民垃圾分类行为的影响因素，并且环卫设施使用的可达性也影响着垃圾分类行为。由此，本研究提出假设 2c：环卫设施对居民参与垃圾分类存在显著影响。主要包括垃圾分类箱的数量、放置位置、标识是否醒目以及垃圾回收系统是否满意的测量项目，设置"完全不符"、"比较不符"、"不清楚"、"比较符合" 和"完全符合" 五个选项，并分别赋值"1"、"2"、"3"、"4"、"5"，计算得分。

3. 人口背景特征

有研究表明人口背景特征包括性别、年龄、职业、收入等，对居民参与垃圾分类也有一定的制约作用，但是并非所有特征都有影响。因此，居民个体属性与垃圾分类行为之间是否有关系还存在一定的争议。本文探讨人口背景特征与垃圾分类行为之间是否存在关联，包括对个人性别、年龄、受教育水平以及收入情况进行测量。由此，本研究提出假设 3：性别、年龄、受教育水平、收入情况对居民参与垃圾分类有着显著影响。

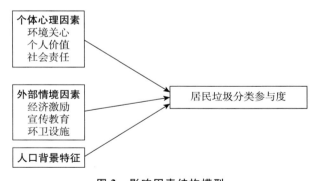

图 2　影响因素结构模型

（二）数据分析与假设检验

1. 样本结构

本问卷正式调查的时间是从 2019 年 3 月至 2019 年 4 月，对来自 Y 社区中 4 个小区，包括梅园新村小区、龙泉雅苑小区、桂园新村小区、三合苑小区的被试进行调查。Y 社区自 2016 年推行垃圾分类工作以来，在这几年也逐步展开了相关的宣传教育活动，但是效果并不理想。本次研究通过实地发放问卷以及社区网络问卷调查，共发放问卷 285 份，回收问卷 277 份，剔除严重缺答、空白的无效问卷 10 份，最终有效问卷 267 份[①]。具体人口样本结构如表 5 所示。

表 5　样本人口属性描述性统计

单位：人，%

	属性	频数	占比		属性	频数	占比
性别	男	114	42.7	受教育水平	小学	25	9.4
	女	153	57.3		初中	53	19.9
		267	100.0		高中（中专、职高）	81	30.3
					大专（高职）	53	19.9
年龄	20 岁以下	36	13.5		本科	49	18.4
	20～30 岁	40	15.0		研究生及以上	6	2.2
	31～40 岁	48	18.0			267	100.0
	41～50 岁	34	12.7				
	51～60 岁	79	29.6	收入情况	3000 元以下	40	14.9
	60 岁以上	30	11.2		3000～6000 元	161	60.3
		267	100.0		6001～9000 元	53	19.9
					9000 元以上	13	4.9
						267	100.0

　　为有效研究居民垃圾分类参与度的影响因素，本研究运用 SPSS 19.0进行多元线性回归和多因素方差分析。以垃圾分类参与度为因变量，分别测量人口背景特征以及 6 个潜变量对因变量的影响。

　　2. 多元线性回归

　　如表 6 所示，通过对被试人口背景特征（自变量）和垃圾分类参与度（因变量）进行多元线性回归可以发现，人口背景特征中性别、年龄与垃圾分类参与度显著相关，而受教育水平和收入情况不显著（$p < 0.05$ 有显著影响）。

---

① 4 个小区样本量分别为 63、58、77、69。

表6　人口背景特征线性回归

| | | 非标准化系数 | | 标准系数 | t | Sig. | 共线性统计量 | |
		B	标准误差	β			容差	VIF
1	常量	1.819	0.342		5.323	0.000		
	性别	0.730	0.155	0.291	4.719	0.000	0.902	1.108
	年龄	0.104	0.046	0.135	2.258	0.025	0.964	1.037
	受教育水平	0.065	0.078	0.067	0.831	0.407	0.521	1.920
	收入情况	−0.176	0.166	−0.087	−1.065	0.288	0.518	1.932

（1）对不同性别进行独立样本t检验

由表7、表8可见，男女两组性别差异显著，$p < 0.05$有显著影响，因此该检验结果证实男女间有显著差异，并且与男性相比，女性均值高于男性，对参与度影响较大。

表7　性别

| | | 方差方程的Levene检验 | | 均值方程的t检验 | | | | | | |
| | | F | Sig. | t | df | Sig.（双侧） | 均值差 | 标准误 | 差分的95%置信区间 | |
									下限	上限
我在近期进行垃圾分类的频率	假设方差相等	0.001	0.974	−4.693	265	0.000	−0.687	0.146	−0.976	−0.399
	假设方差不相等			−4.736	251.181	0.000	−0.687	0.145	−0.973	−0.401

表8　分组统计量

	性别	N	均值	标准差	标准误
我在近期进行垃圾分类的频率	男	114	2.84	1.141	0.107
	女	153	3.53	1.214	0.098

（2）对不同年龄阶段进行方差分析

由表9、表10可见，不同年龄阶段的分类行为有显著差异，其中年龄在20岁以下、41～50岁、51～60岁、60岁以上阶段均值较高，20～30岁、31～40岁阶段均值较低；且20岁以下阶段与41～50岁、51～60岁、60岁以上阶段差异不显著，与20～30岁、31～40岁阶段差异显著，因此可以得知，与青年人和中年人相比，年纪相对较大的老年人与青少年儿童垃圾分类的参与度更高。

表 9　年龄

		N	均值	标准差	标准误	均值的 95% 置信区间		极小值	极大值
						下限	上限		
我在近期进行垃圾分类的频率	20 岁以下	36	3.97	1.000	0.167	3.63	4.31	2	5
	20 ~ 30 岁	40	2.20	1.418	0.224	1.75	2.65	1	5
	31 ~ 40 岁	48	2.60	1.067	0.154	2.29	2.91	1	5
	41 ~ 50 岁	34	3.50	1.187	0.204	3.09	3.91	2	5
	51 ~ 60 岁	79	3.57	0.872	0.098	3.37	3.77	1	5
	60 岁以上	30	3.57	1.073	0.196	3.17	3.97	1	5
	总数	267	3.24	1.230	0.075	3.09	3.38	1	5

表 10　组间差异

	(I) 年龄	(J) 年龄	均值差 (I - J)	标准误	显著性	均值的 95% 置信区间	
						下限	上限
Tukey HSD	20 岁以下	20 ~ 30 岁	1.772	0.249	0.000	1.06	2.49
		31 ~ 40 岁	1.368	0.239	0.000	0.68	2.05
		41 ~ 50 岁	0.472	0.259	0.452	- 0.27	1.22
		51 ~ 60 岁	0.403	0.218	0.436	- 0.22	1.03
		60 岁以上	0.406	0.268	0.655	- 0.36	1.17

3. 多因素方差分析

运用多因素方差分析一个独立变量是否受多个因素（环境关心、个人价值、社会责任、经济激励、宣传教育、环卫设施）的影响。表 11 显示的是垃圾分类参与行为受各因素影响的结果。

表 11　主体间效应的检验

源		Ⅲ 型平方和	df	均方	F	Sig.
我在近期进行垃圾分类的频率	校正模型	276.344ᵃ	6	46.057	95.197	0.000
	截距	45.669	1	45.669	94.394	0.000
	环境关心	12.227	1	12.227	25.272	0.000
	个人价值	22.713	1	22.713	46.945	0.000

源		Ⅲ 型平方和	df	均方	F	Sig.
	社会责任	10.635	1	10.635	21.981	0.000
	经济激励	3.745	1	3.745	7.740	0.006
	宣传教育	5.053	1	5.053	10.445	0.001
	环卫设施	6.070	1	6.070	12.546	0.000

注：a，$R^2 = 0.808$（调整 $R^2 = 0.747$）。

源：是指检验源。

Ⅲ型平方和：方差分析结果有四种类型的平方和，即 TypeⅠss，TypeⅡss，TypeⅢss，TypeⅣss。
输出为Ⅲ型平方和的结果，是校正了其他因素的影响的结果。

居民垃圾分类参与度的多因素方差分析显示，接受原假设（环境关心、个人价值、社会责任对参与行为存在显著影响），并且心理层面的环境关心、个人价值以及社会责任对其有显著性的正向影响。如表 12 所示，社会责任系数为 0.728，对参与度影响较大，环境关心为 0.522，说明居民对生活环境质量的重视程度越高，越有责任心，其参与水平越高。因此，要加强居民个体心理意识的培育，培养居民的社会责任感、价值感，以及对所居之地的归属感。

表 12　相关度检验

	非标准化系数		标准系数	t	Sig.
	B	标准误	β		
环境关心	0.522	0.111	0.233	4.688	0.000
个人价值	0.422	0.084	0.249	5.027	0.000
社会责任	0.728	0.106	0.432	6.852	0.000
经济激励	0.242	0.087	0.133	2.782	0.006
宣传教育	0.430	0.133	0.202	3.232	0.001
环卫设施	0.288	0.081	0.155	3.542	0.000

在外部情境的分析中，接受原假设（经济激励、宣传教育以及环卫设施对参与行为存在显著影响）。环卫设施和宣传教育方面系数较高，环卫设施的数量和放置位置越合理，人们的分类行为越多，并且经济激励也呈正向影响，经济奖励与回收系统得到了一定的反映，而宣传教育的效应则说明通过对垃圾分类知识的获得和了解，也会使居民积极参与垃圾分类。因此，要重视发挥宣传教育的激励作用，增加居民的分类常识以及保证垃

圾处理系统的完善、更新与便民。

五 结论与讨论

上述研究表明，居民的垃圾分类参与度与人口背景特征有一定的相关性。人口属性对垃圾分类行为有一定的影响，但并不是所有因素皆与垃圾分类行为有关。首先，我国女性承担家务劳动、和睦邻里等重要角色，垃圾分类的参与度也较男性高，在这方面，性别差异显著；其次，相比年轻人，老年人和儿童青少年参与垃圾分类的行为较多，可能是因为相较之下，老年人退休，长期待在小区和家中，也更有时间和精力去学习和行动，对于可回收垃圾的挑拣也更为频繁，通常成为废品变卖的主要群体，儿童青少年在学校通过对相关知识的学习，并且有比较强的接受能力和社会责任感，也更乐于参与垃圾分类。

上述研究表明，个体心理层面的三个因素对居民参与垃圾分类有着直接影响。无论是环境关心、个人价值还是社会责任，对于居民垃圾分类的参与度均呈现一种正相关的推动作用。特别是个人价值与社会责任对参与度的影响更强。在个人价值方面，居民在选择进行垃圾分类时大多是出于一种对自身价值的提升来考虑的。研究结果还表明，参与垃圾分类被居民看作一种美好道德，居民认为通过自己的努力可以使环境变得干净，从而形成内心的自豪感。而环境关心包含的内容则十分广泛。研究发现，居民由于担心环境污染问题而进行垃圾分类，这既来自对环保知识的了解，也来自居民担心自己会受到环境污染的影响，同时，居民的社会责任感还会形成一种内在推动力，驱使居民参与垃圾分类。

垃圾分类行为除了受到个人心理影响外，同时还受到外部情境的影响。上述研究表明，社区的宣传教育与环卫设施对参与度的影响更强，环卫设施的质量在很大程度上影响居民的参与行为。垃圾分类箱的数量是否符合当地居民的生活需要以及垃圾分类箱的使用是否方便也影响居民垃圾分类行为。对于宣传教育，研究表明该行为与居民的垃圾分类有着明显的正相关关系。宣传活动的频率能有效提高居民的垃圾分类意愿，并且通过宣传教育，增加居民对相关知识的了解，从而愿意进行垃圾分类。而经济激励对垃圾分类的影响也呈正相关。在研究中，社区通过直接的经济或者物质奖励，例如通过积分兑换生活用品或者免费领取垃圾袋等方式，有效吸引居民参与其中，尤其对于老年人的参与更具有调动效应。

以上研究结论对于调动居民参与垃圾分类具有一定的启示作用。首先，管理者应关注个体差异，发挥主力军作用（乔露，2017）。居民参与垃圾分类具有个体间的属性差异，因此，作为主力军的青少年、女性、老年人，应该重点予以激励培养，发挥他们的带动作用。在开展具体工作时，垃圾分类的宣传教育应该与个体特征相结合，发挥主要群体的带动作用。例如，针对儿童进行专项学校教育，针对老年人进行物资兑换和资金奖励等。选取每个家庭的垃圾分类参与监督员，负责对自己的家庭成员做出规范和引导。以家庭为单位，逐渐扩展至邻里单元，让更多的居民参与其中，互相监督。其次，加强道德意识与社会责任感的培育。我们可以通过宣扬垃圾分类是一种良好美德来提高居民的道德价值观和使命感。在个人价值得到满足和提升的基础上，社区应该加强对社会责任、公民义务的广泛宣传，使居民逐渐理解环境保护的意义，培育一种建设美丽社区、美丽城市的共同心理追求（王秋涵，2018）。与此同时，利用信息反馈的方法，通过垃圾袋实名制以及不定期开袋检查，对居民的垃圾分类行为进行公示，使居民感受到自己是社会的一分子，从而主动积极地承担社会责任。最后，不断完善基础设施，发挥经济激励的作用。重视垃圾处理的源头环节，对环卫设施重新进行科学的安置。例如，社区内垃圾分类箱的数量应该与该小区的人口数成正比，并且垃圾分类箱的放置位置也应该符合小区内的人口分布状况，在单位数量较多的区域放置相应规模的垃圾分类箱。垃圾分类从投放、收集、运输到处理，整个流程也必须配备相应的设备和设施（刘双双，2018），因为任何一个环节的缺失，都会导致分类失败。此外，我们还需要重视宣传工作，积极发挥网络、微信等平台的作用，充分利用数字化、信息化、网络化的形式开展活动。在进行宣传教育的同时，应积极运用经济补偿等政策进行鼓励，利用废品回收这种直接的经济收益方式将垃圾分类行为与居民自身利益相关联。当然，我们也需考虑时间、精力、金钱等成本，以及实施方法所带来的长期效果。

城市卫生对于整个社会环境的影响极为重要。面对与日俱增的城市垃圾，环境状况岌岌可危，社区作为社会的缩影，是城市治理的重要一环，居民是垃圾分类的主体，对垃圾资源化处理有着十分重要的意义。本文基于微观个体层面与宏观外部情境层面分析和探寻了居民垃圾分类参与度的影响因素。然而，这个问题是一个复杂的、需要在社会发展中不断进行具体探索的课题。未来学者可利用多学科视角，结合大数据技术，探索和发现变量之间更多的可能关系。研究议题所涉及的内容还可能被延伸到社会认知、社会心理及行为导向机制的诸多方面，毕竟这些方面也可能影响居民垃圾分类参与行为。

参考文献

陈飞宇，2018，《城市居民垃圾分类行为驱动机理及政策仿真研究》，中国矿业大学博士学位论文。

陈凯、胡静，2018，《城市居民生活垃圾分类行为研究——以北京市为例》，《城市观察》第 4 期。

郭子嘉、孙海龙、高振涛等，2018，《浅析雄安新区生活垃圾处理的现状及改进对策》，《农村经济与科技》第 8 期。

刘曼琴、谢丽娟，2016，《"垃圾围城"的化解：实施按量收费的价格规制》，《江西社会科学》第 5 期。

刘双双，2018，《城市生活垃圾分类处理问题探究——基于上海市社区的个案调研》《经济研究导刊》第 2 期。

孟海亮、葛新权、尹洁林，2016，《居民生活垃圾分类及其收费制度改革研究》，《价格理论与实践》第 10 期。

鸟越皓之，2009，《环境社会学》，宋金之译，北京：中国环境科学出版社。

乔露，2017，《城市生活垃圾分类行为意愿的影响因素分析》，《当代经济》第 4 期。

曲英，2009，《城市居民生活垃圾源头分类行为的理论模型构建研究》，《生态经济》第 12 期。

渠娴娴、曹甜甜、何娣等，2018，《城市居民垃圾分类认知、态度和行为的现状及影响因素探究》，《中国集体经济》第 33 期。

童昕、冯凌，2016，《面向行为改变的社区垃圾分类模式研究》，《生态经济》第 2 期。

王秋涵，2018，《个人垃圾分类行为影响因素的实证分析——基于中国 CGSS 2013 年的调查数据》，《经济研究导刊》第 10 期。

王艳红、姚永鹤，2016，《金华城区居民生活垃圾源头分类意识及处置行为调查研究》，《科学与财富》第 31 期。

王玉，2017，《城市居民生活垃圾分类行为的影响因素——基于我国 8 个示范城市的研究》，华东师范大学硕士学位论文。

吴瀚文、王金花，2017，《城市生活垃圾分类现状和对策》，《绿色科技》第 20 期。

徐林、凌卯亮、卢昱杰，2017，《城市居民垃圾分类的影响因素研究》，《公共管理学报》第 1 期。

杨洋，2018，《城市生活垃圾分类的认知影响因素研究——以天长市为例》，《智库时代》第 42 期。

中央政法委，2017，《垃圾分类攻坚战呼唤立法保障》，《法制日报》第 12 期。

朱宁宁，2007，《垃圾分类攻坚战呼唤立法保障》，《法制日报》12 月 12 日，第 9 版。

Ajzen, I., 1985, *From Intentions to Actions: A Theory of Planned Behavior*, Springer Berlin

Heidelberg.

Anantanatorn, A., Yossomoakdi, S., & Wijaya, A. F. et al., 2015, "Public Service Man-agement in Local Government, Thailand (Case Study of Solid Waste Management in Pattaya City)," *International Journal of Applied Sociology* 5 (1).

Callan, S. J., & Thomas, J. M., 2006, "Analyzing Demand for Disposal and Recycling Services: A Systems Approach," *Eastern Economic Journal* 32 (2).

Galaskiewicz, J., 2007, "Has a Network Theory of Organizational Behavior Lived up to Its promises," *Management and Organization Review* 3 (1).

Gamba., R. J., & Oskamp, S., 1994, "Factors Influencing Community Residents'Partici-pation in Commingled Curbside Recycling Programs," *Environment and Behavior* 26 (5).

Guagnano, A., Stern, P. C., & Dietz, T., 1995, "Influences on attitude-behavior rela-tionships: A Natural Experiment with Curbside recycling," *Environment and Behavior* 27 (3).

Iyer, E. S., & Kashyap, R. K., 2007, "Consumer Recycling: Role of Incentives, Infor-mation, and Social Class," *Journal of Consumer Behaviour* 6 (1).

Kilduff, M., Tsai, W., & Hanke, R., 2006, "A Paradigm Too Far? A Dynamic Stability Reconsideration of the Social Network Research Program," *Academy of Management Re-view* 31 (4).

Nzeadibe, T. C., & Anyadike, R. N. C., 2012, "Social Participation in City Governance and Urban Livelihoods: Constraints to the Informal Recycling Economy in Aba, Nigeri-a," *City, Culture and Society* 3 (4).

Oribe-Garcia, I., Kamara-Esteban, O., & Martin, C. et al., 2015, "Identification of In-fluencing Municipal Characteristics Regarding Household Waste Generation and Their F-orecasting Ability in Biscay," *Waste Management* 3 (5).

Pakpour, A. H., Zeidi, I. M., & Emamjomeh, M. M. et al., 2014, "Household Waste Behaviours among a Community Sample in Iran: An Application of the Theory of Planned Behaviour," *Waste Management* 34 (6).

Peretz, J. H., Tonn, B. E., & Folz, D. H., 2005, "Explaining the Performance of Ma-ture Municipal Solid Waste Recycling Programs," *Journal of Environmental Planning & Management* 48 (5).

Rowley, T. J., & Baum, J. A. C, 2008, "Introduction: Evolving Wels in Network Econom-ics," *Advance in Strategic Management* 25 (2).

Schwartz, S. H., 1992, "Universals in the Content and Structure of Values: Theoretcal Ad-vances and Empirical Tests in 20 Countries," *Advances in Experimental Social Psychology* 10 (2).

Simmon, D. A., & Widm A. R., 1990, "Participation in Household Solid Waste Reduction Activities the Need for Public Education," *Journal of Environmetal Systems* 19 (4).

Storey, D., Santucci, L., & Fraser, R. et al., 2015, "Designing Effective Partnerships for Waste-to-resource Initiatives: Lessons Learned from Developing Countries," *Waste*

Management & Research 33 （12）.

Tonglet, M., Philips, P., S., & Read, A. D., 2004, "Using the Theory of Planned Behaviour to Investigate the Determinants of Recycling Behaviour: A Case Study from Brixworth, UK.," *Resources Conservation and Recycling* 41 （4）.

Werner, C. M., & Makela, E., 1998, "Motivations and Behavior That Support Recycling," *Journal of Environmental Psychology* 18 （4）.

责任编辑：徐中春

LB 县全域旅游对生态的影响研究

刘　　郁　刘忠雨　胡士民*

摘　要： 全域旅游是指在一定区域内，以旅游业为优势产业，通过对区域内经济社会资源进行全方位、系统化的优化提升，实现区域资源的有机整合、产业融合发展、社会共建共享，以旅游业带动和促进经济社会协调发展的一种新的区域协调发展理念和模式。而在"大生态"战略背景下，全域旅游的开发更强调要以保护生态为主，实现绿色发展。本文的目的在于深入了解全域旅游的实施给生态环境带来的影响。本文以全国首批入选"国家全域旅游示范区"同时也是贵州省全域旅游示范县的 LB 县为代表，采用观察法和访谈法对 LB 县及其相关工作人员进行了解。调查发现，LB 县全域旅游给当地的生态环境带来了消极和积极的影响。消极影响主要表现在对空气、水质、土壤以及植被等的不同程度的破坏；积极影响主要表现在增强当地人们的环境保护意识、污染治理和生态建设同时进行、为生态保护工作提供大量资金支持等方面。

关键词： 全域旅游　生态　破坏　保护　影响

＊ 刘郁，女，贵州大学公共管理学院社会心理学教授，硕士生导师，国家二级心理咨询师；刘忠雨，女，贵州大学公共管理学院 2017 级社会学专业硕士；胡士民，男，贵州大学公共管理学院 2018 级社会学专业硕士。

一 LB 县全域旅游概况

LB 县隶属于贵州省黔南布依族苗族自治州，是一个以旅游为主的小城市。其丰富的自然资源和良好的生态环境使旅游业成了该地的支柱产业，这里不仅保存着世界上面积最大的喀斯特原始森林，拥有"中国南方喀斯特世界自然遗产地"和"世界生物圈保护区"两张世界级品牌，还是国家 5A 级景区、贵州省重点发展生态旅游区。LB 县曾获得世界最美喀斯特森林、国际王牌旅游目的地、国家级生态示范区、中国最佳山水文化旅游名县等荣誉称号，更被誉为"地球上的绿宝石"。生态是 LB 县最大的资源和品牌，是 LB 县发展的优势和长板。所以，"做好生态经济这篇文章，对于拥有生态优势的 LB 县来说，是实现县域经济大发展和全面建成小康社会的现实选择和必须途径"（尹德俊，2015）。2016 年 5 月 26 日举行的全国全域旅游创建工作现场会标志着我国旅游业的发展全面进入全域旅游时代。全域旅游是指在一定区域内，以旅游业为优势产业，通过对区域内经济社会资源尤其是旅游资源、相关产业、生态环境、公共服务、体制机制、政策法规、文明素质等进行全方位、系统化的优化，实现区域资源有机整合、产业融合发展、社会共建共享，以旅游业带动和促进经济社会协调发展的一种新的区域协调发展理念和模式（李金早，2016）。全域旅游以党的十八届五中全会提出的五大发展理念即"创新、协调、绿色、开放、共享"为指导，因此，实现旅游从景点旅游向全域旅游转变，要符合五大发展理念。特别是在绿色发展方面，要以良好的生态资源为依托，把生态和旅游结合起来，把资源和产品对接起来，把保护和发展统一起来，将生态环境优势转化为旅游发展优势，才能创造更多的绿色财富和生态福利（朱万峰，2018）。

LB 县于 2015 年 3 月在全国率先提出全域旅游发展战略的创意，并形成了完整的全域旅游发展体系。2016 年 LB 县成为全国首批入选"国家全域旅游示范区"的县市之一，随后又创建了贵州省全域旅游示范县。但随着 LB 县全域旅游的快速发展，在推动当地经济发展的同时也产生了不同程度的环境污染与生态破坏。尤其在打造全域旅游后，旅游景区的新、扩建，旅游景区及周边基础设施不完善、管理不到位，大大超过景区的容量极限的客流量、不文明的旅游行为等，给当地的生态文明带来巨大压力。LB 县旅游业的发展主要依靠当地良好的生态优势，依托当地的绿水青山，如果因为全域旅游开发而忽略生态环境的保护将是一件得不偿失的事情。但全域旅游对生态也有着不可忽视的积极作用。习近平总书记曾指出："绿水青山就是金山银山。"而全域旅游就是将绿水青山变成金山银山的媒介。LB 县因为全域旅游的发展，不仅恢复了原有的一些被破坏的生态资源，增加了森林面积，增强了全县生态保护意识，而且为了吃上"生态大餐"，提供了大量的资金来进行保护和治理，使 LB 县的生态环境得以改善。因此在全域旅游背景下，如何处理好旅游发展与生态保护的关系是生态旅游地区乃至所有旅游地区都要深刻重视的问题。

二　全域旅游对生态的影响文献综述

许多学者以旅游景区为样本进行了旅游活动对生态的影响的研究和分析。总的来说，尽管不同地区开展的旅游活动和现有的旅游资源不同，但除了某些地区旅游资源的极大差异性和特殊性外，它们产生的问题大多是相同的。从发展趋势来看，旅游与生态环境的矛盾一直是一个突出问题，随着旅游业的不断热化以及旅游人数的不断增加，旅游活动对生态的影响也越来越受到人们的关注，因而成为研究的热点和重点。从多数学者对于旅游对生态的影响的相关研究来看，研究的重点是旅游对生态的负面影响，主要表现在旅游活动过程中造成的水污染、噪声污染、土壤污染、大气污染以及对动植物的影响等方面。如于昕等（2012）的研究指出，旅游对环境的消极影响主要表现在七个方面：地表和土壤、植物、动物、水体环境、大气环境、环境卫生、环境美学。方慧敏（2018）指出旅游活动对生态环境的影响主要表现在植被、动物、水体质量三个方面。苏盛刚等（2010）指出旅游对生态环境的负面影响主要体现在：对森林植被的破坏、对野生动物的威胁、对生态环境的污染。侯薇（2018）指出旅游活动对自然环境质量的影响，主要包括对地表土壤的影响、对动植物的影响、对水体环境的影响等方面。王伟等（2018）概述了乡村生态旅游活动对水体、土壤、大气、动物、植物等方面所产生的负面影响。葛春（2018）指出旅游对生态环境造成了不同程度的负面影响，如对动植物的影响、对水体的影响、对大气环境的影响、对声环境的影响、对土壤的影响。肖艳等（2016）指出了旅游活动对保护区生态环境的负面影响：对植物的影响、对野生动物的影响、对土壤的影响、对水体的影响、对大气的影响、对景观的影响。高小茹（2015）指出旅游经济发展对生态环境的负面影响主要表现在游客践踏、采集植物，干扰、捕杀野生动物，油污、垃圾污染江河，破坏环境卫生以及游客的不文明行为所造成的影响等方面。

也有多数研究者将旅游资源作为研究对象，从旅游资源的特殊性来分析旅游对生态造成的影响。经归纳，研究对象主要有几类：以自然遗产为主的山地、林地、草原、湖泊、海滨、湿地等，也有以文化遗产为主的古城、古镇、古建筑等，以及以物质文化遗产和非物质文化遗产为标准进行的划分，或是某个自然保护区。如刘常洁（2017）从全域旅游视角下做了升金湖生态旅游影响因素研究；林宇等（2018）研究了日照市非物质文化遗产的旅游开发与生态环境影响；张潇等（2019）以西双版纳国家级自然保护区为例对于旅游对生态环境影响的监测指标进行了分析；蔡爽（2013）研究了内蒙古草原生态旅游对生态环境的影响；葛春（2018）研究了河北小五台山国家级自然保护区旅游对生态环境的影响等。

总之，关于旅游对生态的影响方面的研究成果颇多，但从查阅到的文献资料来看，基本上没有关于全域旅游对生态的影响的研究，更多的还是传统的旅游或旅游活动对生态环境的影响的研究。这可能是由于全域旅游提出的时间相对较晚，全国开展全域旅游的地区相对较少，以及全域旅游以生态保护为主的发展理念，导致人们关注的焦点还在传统旅游上。同时，关于旅游对生态的影响的研究也是以旅游、旅游开发或旅游活动对生态的负面影响为主，很少有论述或者看到它的正面影响的。而 LB 县的全域旅游开发虽然也对生态环境存在不同程度的负面影响，但其正面影响也不容忽视。因此，研究全域旅游对生态的影响以及从正、负两个方面来论述它的影响是非常有意义的。

三 全域旅游对 LB 县生态环境造成的影响

为了了解全域旅游开发对 LB 县生态环境造成的影响，笔者对当地进行了实地调研，并对 LB 县环保局的相关工作人员进行了咨询和访谈，获得了其提供的近几年 LB 县环境质量报告书。同时，笔者对 LB 县各个景区旅游开发建设项目环境影响报告表进行了汇总，这些项目都是在全域旅游提出后进行的改扩建或者新建的项目。表 1 从规划景区/项目名称、规划面积、规划开始年份、建设性质、景区游客人数估算、项目主要环境问题几个方面来汇总，主要是想说明在 LB 县打造全域旅游期间对当地生态环境所造成的影响，包括正面影响和负面影响。

表 1　LB 县旅游开发建设项目环境影响报告表汇总

规划景区/项目名称	规划面积（平方米）	规划开始年份	建设性质	景区游客人数估算	项目主要环境问题
LB 樟江旅游景区大小七孔景区	82600000	2017	改扩建	日平均人数可达到 10000 人次	废水、大气、噪声、固体废物、游客的旅游活动等产生的环境影响
贵州 LB 茂兰生态旅游区	97530000	2016	改扩建	预计到 2022 年，旅游区旅游接待突破 60 万人次	增加生活污水量、土壤营养状态变化、空气污染、噪声污染、植被破坏、损坏原有地形地貌
LB 王蒙小镇旅游提质升级建设项目	243366	2017	新建	游客量平均为 1200 人次/天	居民产生的垃圾和生活污水等，原污水管网及末端治理未完善
LB 樟江旅游景区西门服务区	379524	2016	新建	游客量平均为 1600 人次/天	国内外游客的旅游活动等产生的环境影响，主要为游客产生的垃圾
LB 县洞塘鲜花小镇及游客服务中心	342833.33	2017	新建	游客最大承载量为 20000 人次/天	大气污染、水污染、固体废物污染、噪声污染
LB 世界布依文化村	550000	2016	新建	预计年均接待游客 500 万人次	居民活动产生的环境影响，主要为居民产生的垃圾和生活污水等
LB 县邓恩铭故居片区改造建设项目	59746.1	2017	新建	高峰期最大接待量为 1500 人次/天	废气、生活污水及生活垃圾等
LB 县朝阳至板麦自行车道工程	89910	2017	新建	—	占用土地、水土流失、破坏植被、影响农业生产
LB·新天地文化旅游商业综合体项目	30967.1	2017	新建	—	废气、废水、噪声、固体废物

（一）全域旅游对 LB 县生态环境造成的负面影响及其原因

从 LB 县旅游开发建设项目环境影响报告表以及近几年的环保局对环境质量状况的调查及其提供的环境质量报告书（以下简称"报告"）来看，可以发现当地在发展全域旅游过程中，确实对当地的生态造成了一定的负面影响，主要是项目建设施工期带来的一些环境污染和旅游项目建成后附属基础设施没有跟上以及游客及游客旅游活动所带来的附加影响。这种影响既有短暂性，又有持久性。一方面，旅游资源开发与旅游项目建设、旅游经营活动、旅游消费活动等都对生态环境造成了压力，而从生态环境中索取资源的过程也忽视了其保护价值；另一方面，随着景区的区域化建设和提质扩容，游客数量逐年增多甚至有部分景区出现游客暴增现象，环境承载量受到挑战，且与全域旅游配套的基础设施的不完善也给当地生态环境带来一定的负面影响。当然，造成区域环境整体下降的原因也是多方面的。这些影响及其成因主要体现在以下几个方面。

1. 空气质量

报告收集了 LB 县近几年区域环境空气质量监测数据，结果统计见表2。从统计结果看出，在这 11 个区域内，高桥村（大小七孔景区）PM10、PM2.5 日均值有所超标，不能达到《环境空气质量标准》（GB 3095—2012）中的一级标准。其他规划区域环境空气指标二氧化硫、二氧化氮、PM10、PM2.5 的最大占标率均小于 100%，能够满足《环境空气质量标准》（GB 3095—2012）中一、二级标准的要求。

LB 县空气质量遭到破坏的主要原因有以下几点。

（1）景区施工带来的影响。在规划项目施工过程中，由于土石方开挖、物料运输、物料抛撒等作业，大量增加扬尘、尾气污染，对区域内大气环境造成一定的不利影响。

（2）经济及社会原因。为了打造更全面便捷的交通来吸引游客，对全县尤其是通往各个景区的道路进行了新建和修缮。道路施工导致空气中颗粒物浓度增加，空气质量无法达标。但这种施工期间造成的影响只是暂时的，只要在施工完成后进行妥善处理这种影响就会消除。同时，道路的建设会损坏原有地形地貌，进入景区的机动车辆的增加，将导致尾气排放总量增多，生活服务设施的增建使燃烧废气的排放量增大，会造成空气污染。

（3）在景区的运营期，尤其是旅游旺季的游客高峰期，景区内的化粪池、公厕垃圾收集点也会产生 NH_3、H_2S 等恶臭气体，从而造成一定的大气污染。

（4）小七孔景区外环路旁还有个露天采石场，每天都会产生大量粉尘，且大型运沙车运输过程中撒落在省道上的沙石长期无人清理，不仅影响游客车辆通行，而且严重污染大气环境。石头爆破时还会有巨大的噪声，对附近村民及游客也造成了一定的噪声污染。

2. 水质

（1）地表水质。根据《LB 县集中式饮用水水源地水质监测报告》可知，LB 县河流水质目前基本达到地表水 III 类水标准，但目前除佳荣镇、瑶

表 2　部分旅游规划区环境空气质量现状统计

序号	监测点	监测时间	二氧化硫			二氧化氮			PM10			PM2.5			数据来源（建设项目环境影响报告等）
			日均值（mg/m³）	标准值	最大占标率（%）	日均值（mg/m³）	标准值	最大占标率（%）	日均值（mg/m³）	标准值	最大占标率（%）	日均值（mg/m³）	标准值	最大占标率（%）	
A1	尧古村	2017.6.18~6.24	0.014~0.018	0.05	36.0	0.015~0.019	0.08	23.75	0.027~0.045	0.05	90.0	0.016~0.028	0.035	80.0	贵州·LB茂兰生态旅游区建设发展规划（2016—2022年）环境影响报告书
A2	洞塘乡尧所村	2017.6.18~6.24	0.013~0.015	0.05	30.0	0.014~0.016	0.08	20.0	0.029~0.047	0.05	94.0	0.015~0.027	0.035	77.14	
A3	翁昂略斯特凤情旅游小镇	2017.6.18~6.24	0.013~0.019	0.05	38.0	0.014~0.020	0.08	25.0	0.028~0.048	0.05	96.0	0.018~0.030	0.035	85.71	
A4	浪柄村	2017.6.17~6.23	0.018~0.022	0.15	14.7	0.015~0.020	0.08	25.0	0.055~0.081	0.15	54.0	0.027~0.041	0.075	54.67	
A5	马鞍组	2017.6.17~6.23	0.015~0.020	0.15	13.3	0.018~0.022	0.08	27.5	0.069~0.090	0.15	60.0	0.035~0.047	0.075	62.67	贵州省LB工业园区产业发展规划（2016—2025年）环境影响报告书
A6	拉仰组	2017.6.17~6.23	0.014~0.019	0.15	12.7	0.016~0.021	0.08	26.3	0.047~0.069	0.15	46.0	0.023~0.035	0.075	0.467	
A7	桥头村	2017.6.17~6.23	0.019~0.021	0.15	14.0	0.017~0.023	0.08	28.7	0.058~0.090	0.15	60.0	0.029~0.045	0.075	60.0	
A8	花提村	2017.6.17~6.23	0.018~0.021	0.15	14.0	0.017~0.021	0.08	26.3	0.053~0.082	0.15	54.7	0.027~0.042	0.075	56.0	

续表

序号	监测点	监测时间	二氧化硫			二氧化氮			PM10			PM2.5			数据来源（建设项目环境影响报告书等）
			日均值（mg/m³）	标准值	最大占标率（%）	日均值（mg/m³）	标准值	最大占标率（%）	日均值（mg/m³）	标准值	最大占标率（%）	日均值（mg/m³）	标准值	最大占标率（%）	
A9	拉平村拉寨组	2015.12.28~2016.1.3	0.030~0.036	0.15	24.0	0.015~0.020	0.08	25	0.061~0.075	0.15	50.0	—	—	—	贵州省LB县拉寨水库工程环境影响报告书
A10	高桥村（大小七孔景区）	2015.11	0.038	0.05	76.0	0.035	0.08	43.75	0.081	0.05	162.0	0.04	0.035	114.3	LB樟江航运建设工程项目环境影响报告书
A11	LB县城	2015.11	0.030~0.034	0.15	22.67	0.027~0.032	0.08	40.0	0.063~0.090	0.15	60.0	0.032~0.048	0.075	64.0	

麓乡、茂兰镇和甲良镇外,其余乡镇的水源地总氮超标,略高于Ⅲ类水标准。从各景区区域总氮含量来看,樟江旅游景区一带,以小七孔镇为代表,总氮含量超标较为严重,而茂兰喀斯特森林保护区一带和甲料河源头一带的水质基本无污染现象。另外,从 LB 县河流水质监测数据统计(见表 3)可以看到,三岔河立化镇政府下游约 500 米处、三岔河巴格旅游服务区、打狗河支流平岩河翁昂乡政府下游 1500 米、茂兰河长寨断面、塘鸭小溪几个区域粪大肠菌群超标,未达到《地表水环境质量标准》(GB 3838—2002)中相应的水质标准。

(2)地下水质。从 LB 县地下水水质监测数据统计(见表 4)可以看到,区域内地下水环境总大肠菌群数和细菌总数严重超标。区域内地下水环境质量除总大肠菌群外均能满足《地下水质量标准》(GB/T 14848—2017)中Ⅲ类水质的标准要求。

水质遭到破坏的原因有以下几点。

(1)施工期造成的影响。发展全域旅游期间,规划项目施工期产生了大量的废水,主要是施工人员的生活污水以及相应的施工废水,在施工过程中有些没有进行合理的处置,任意排放,对附近水体造成了一定的污染。

(2)规划区内基础设施不完善。河流水质的总氮超标主要是流域内化肥和农药的大量使用造成的,尤其是在耕地分布较多、灌面灌溉较为集中的地方,总氮超标量较高,生活污水和粪便乱排也可以造成总氮指标升高。据了解,多地大肠菌群超标原因与规划区域内社区基础设施有关,如某景区所在规划区内原污水管网及末端治理未完善,居民生活污水、家禽粪便等无统一收集和处理设施,未做防渗处理就直接排放,旱厕和化粪池的粪便污水等都会导致水体中的粪大肠菌群含量增加。而规划旅游区所在区域属于喀斯特地貌,有较多溶洞和暗河,区域内未被收集处理的废水容易进入这些溶洞和暗河进而污染地下水,致使地下水中总大肠菌群超标,从而影响地表及地下水质。

(3)作为一个以发展旅游业为主的地区,其经济主要由游客数量及其停留时间来决定。因此,LB 县要想发展当地经济,就必须想办法吸引大量的游客并让其长时间停留。而发展全域旅游就是 LB 县更好地实现当地经济社会发展的一条有力路径。但大批游客进入旅游地,造成的负面影响也是不容忽视的。游客产生的生活污水对水体造成了极大影响。在正常的区域范围内,当地人口的污水经处理后是不会对其环境承载力造成压力的,但在人口激增的情况下,则会对环境承载力造成很大的压力。在《LB 县全

表3　LB县河流水质监测数据统计

单位：mg/L

序号	监测时间	监测河流及断面	水质标准	监测因子											数据来源（建设项目环境影响报告等）
				pH	SS	COD	BOD₅	高锰酸盐指数	NH₃-N	阴离子表面活性	DO	TP	粪大肠菌群（个/L）	石油类	
W1	2017.6.17～2017.6.19	三岔河立化镇政府下游约500米处	I类	6.92～6.97	9～12	4.17～4.57	1.3～1.6	0.68～0.69	0.067～0.077	0.05L	7.19～7.26	0.02	430～490	0.01L	贵州·LB茂兰生态旅游区建设发展规划（2016—2022年）环境影响报告书
W2	2017.6.17～2017.6.19	三岔河巴格旅游服务区	I类	6.85～6.91	9～12	4L	1.3～1.7	0.73～0.75	0.051～0.058	0.05L	7.30～7.52	0.01L	630～790	0.01L	
W3	2017.6.17～2017.6.19	打狗河支流平岩河翁昂乡政府下游1500米	II类	6.91～6.94	7～9	4L	1.2～1.3	0.89～0.90	0.290～0.299	0.05L	7.51～7.62	0.04	9200	0.01L	
W4	2017.6.17～2017.6.19	茂兰河长寨断面	I类	6.71～6.77	7～8	4.77～5.81	1.8～1.9	0.75～0.78	0.042～0.051	0.05L	7.19～7.33	0.01L	3500	0.01L	贵州省 LB工业园区产业发展规划（2016—2025年）环境影响报告书
W5	2017.6.17～2017.6.19	塘鸭小溪	III类	6.97～7.01	10～12	9.51～9.82	2.7～2.8	2.09～2.12	0.51～0.61	0.05L	6.94～7.00	0.01L	16000	0.01L	
W6	2017.6.17～2017.6.19	黄江上寨断面	III类	7.06～7.12	8～10	4.44～4.91	1.5～1.7	2.3～2.32	0.055～0.058	0.05L	7.24～7.33	0.03	760	0.01L	
W7	2017.6.17～2017.6.19	樟江支流拉尾沟提花断面	III类	6.9～6.97	7～10	4.17～4.35	1.3～1.5	1.14～1.16	0.048～0.058	0.05L	7.21～7.34	0.02	9200	0.01L	

续表

序号	监测时间	监测河流及断面	水质标准	监测因子											数据来源（建设项目环境影响报告书等）
				pH	SS	COD	BOD$_5$	高锰酸盐指数	NH$_3$-N	阴离子表面活性	DO	TP	粪大肠菌群（个/L）	石油类	
W8	2016.10	方村河联山村庄上游滚水坝	Ⅱ类	7.86	16.0	10.0	2.86	1.42	0.05	0.05L	6.28	0.01L	1367	0.02	贵州省 LB 县拉寨水库工程环境影响报告书
W9	2015.12	拉寨水库坝址	Ⅱ类	7.89	—	<10.0	2.81	1.40	<0.05	0.05L	6.21	0.01L	267	0.01L	
W10	2015.11.21~11.27	小七孔入樟江河汇入口下游 200 米	Ⅲ类	—	—	11.4	2.3	3.38	0.22	—	6.0	—	1063	—	LB 樟江航运建设工程项目环境影响报告书
W11	2015.11.21~11.27	板寨寨污水处理厂排污口下游 150 米	Ⅲ类	8.04	—	11.4	2.33	3.33	0.33	—	3.57	—	1267	0.02	
标准	《地表水环境质量标准》（GB 3838—2002）		Ⅰ类	6~9	—	15	3	2	0.15	0.2	≥7.5	0.02	200	0.05	
			Ⅱ类	6~9	—	15	3	4	0.5	0.2	≥6	0.1	2000	0.05	
			Ⅲ类	6~9	—	20	4	6	1.0	0.2	≥5	0.2	10000	0.05	

注：1. 未检出以"检出限 + L"表示。
2. pH 无量纲。

表4 LB县地下水水质监测数据统计

单位：mg/L

序号	监测时间	监测点	水质标准	pH	总硬度	溶解性总固体	耗氧量	氧化物	硫酸盐	氨氮	总大肠菌群	数据来源（建设项目环境影响报告等）
S1	2017.6.18~6.19	尧古村泉点	Ⅲ类	7.02~7.05	189~191	243~253	1.15~1.17	1.0L	10.2~10.4	0.025L	2200~2400	贵州·LB茂兰生态旅游区建设发展规划（2016—2022年）环境影响报告书
S2	2017.6.18~6.19	洞塘乡尧所村泉点	Ⅲ类	6.95~6.98	217~219	260~265	0.68~0.70	1.0L	10.4~10.9	0.032~0.036	460~490	
S3	2017.6.18~6.19	板寨村泉点	Ⅲ类	7.08~7.11	186~187	222~226	1.03~1.04	1.0L	11.4~11.6	0.070~0.074	50~60	
S4	2017.6.18~6.19	翁昂乡已陇村泉点	Ⅲ类	7.10~7.13	185~186	247~251	0.90~0.91	2.0~2.2	32.0~32.6	0.161~0.166	170	
S5	2017.6.17~6.18	干田坝坳泉点	Ⅲ类	6.92	152	194.5	0.505	—	—	0.0405	9200	贵州省LB工业园区产业发展规划（2016—2025年）环境影响报告
S6	2017.6.17~6.18	浪病泉点	Ⅲ类	7.06	178	210.5	0.355	—	—	0.025	170	
S7	2017.6.17~6.18	拉仰泉点	Ⅲ类	6.93	151.5	204	0.395	—	—	0.025	24000	
S8	2017.6.17~6.18	瑶琢泉点	Ⅲ类	7.13	144	182.5	0.635	—	—	0.025	335	
S9	2017.6.17~6.18	花提村泉点	Ⅲ类	6.83	152.5	428.5	1.115	—	—	0.025	24000	
S10	2015.12	拉寨水库坝址下游右岸拉寨水井	Ⅱ类	7.01	193.54	205.50	1.19	5.07	5.38	<0.02	103	贵州省LB水库工程环境影响报告书
标准	《地下水质量标准》(GB/T 14848—2017)		Ⅱ类	6.5~8.5	300	500	2.0	150	150	0.1	3.0	
			Ⅲ类	6.5~8.5	450	1000	3.0	250	250	0.2	3.0	

注：未检出以"检出限＋L"表示。
2. pH无量纲。

域旅游发展规划》实施后，2016 年国庆节期间，大小七孔景区游客持续爆满，据统计，LB 县共接待游客 167900 人次，同比增长 36.21%，全县宾馆酒店入住率在 98% 以上。同时该发展规划预测，到 2020 年接待游客2162.40 万人次，过夜游客按 1297.44 万人次计；到 2025 年接待游客5989.60 万人次，过夜游客按 3593.76 万人次计。过夜游客和一日游游客用水定额分别为 200L/（d·人）、20L/（d·人）。据预测，到 2020~2025年游客用水量为 276.79 万~766.67 万立方米。游客生活污水量按用水量的 80% 计，即 2020~2025 年游客所产生的生活污水量为 221.43 万~613.34 万立方米。从《LB 县全域旅游发展规划》的预测数据来看，在发展全域旅游后，游客的激增导致当地的用水量大大超出正常水平，这对于当地的污水处理也是一个重大挑战，超高的污水量将增加进入水体的污染物数量，从而对当地水体的质量造成破坏。

3. 土壤环境质量

从部分规划区域土壤环境质量监测数据（见表 5）可看出，瑶庆片区内农田、林地土壤中镉含量较高，甲乙汽车营地农田和尧古村林地土壤镉含量高于《土壤环境质量农用地土壤污染风险管控标准（试行）》（GB15618—2018）管制值；尧古村林地土壤中砷含量略高于《土壤环境质量农用地土壤污染风险管控标准（试行）》（GB 15618—2018）筛选值；老场土壤中铬含量高于《土壤环境质量建设用地土壤污染风险管控标准（试行）》（GB 36600—2018）筛选值，低于管制值。

土壤环境质量遭到破坏的原因有以下几点。

（1）自然因素。研究发现，规划区内土壤中镉含量较高的主要原因是区域土壤的自然本底值本来偏高。根据《黔南土壤环境质量状况浅析》（谭红等，2010：17~20），黔南州土壤中镉达到重度污染的 3 个监测点都是在茂兰国家级自然保护区——喀斯特原始森林内，监测点离工矿业集中区和交通干道较远，受人类活动影响极小，该区域岩溶地貌发育强烈，由于地球的化学作用，土壤中镉的自然本底值偏高。因此，规划区内土壤镉含量高，自然因素的影响在其污染成因中占绝对地位。

（2）人为因素。垃圾是造成土壤污染的主要原因之一，在旅游地，除了居民的生活垃圾外，主要就是在景区建设过程中的一些工业废弃物和游客产生的生活垃圾。规划旅游区建设时固体废弃物主要有建筑垃圾、生活垃圾、污水处理厂（站）剩余污泥、废旧蓄电池、危险废物（废机油、废油漆及油漆桶）等。而游客所产生的垃圾量庞大，根据发展规划的预测，

表5 规划区域土壤环境质量监测数据统计

单位：mg/kg

序号	监测时间	监测点	监测因子									备注
			pH	镉	汞	砷	铜	铅	铬	锌	镍	
M1	2017.6	甲乙汽车营地农田	6.98	3.06	0.129	14.8	22.3	40.3	114	122	48.4	贵州·LB茂兰生态旅游区建设发展规划（2016—2022年）环境影响报告书
M2	2017.6	瑶兰生态度假区的尧古村林地	7.09	8.74	0.198	30.7	24.6	37.4	183	161	89.2	
M3	2017.1	老场	6.73	0.63	0.057	9.62	15.6	13.9	42.6	53.5	12.2	贵州省LB工业园区产业发展规划（2016—2025年）环境影响报告书
M4	2017.1	瑶庆片区内（原冶炼厂周边）	7.08	0.897	0.118	7.67	16.6	19.9	77.7	57.9	13.3	
标准	《土壤环境质量农用地土壤污染风险管控标准（试行）》（GB 15618—2018）	筛选值	6.5~7.5	0.6	2.4	30	200	120	200	250	100	
		管制值	—	3.0	4.0	120	—	700	1000	—	—	
	《土壤环境质量建设用地土壤污染风险管控标准（试行）》（GB 36600—2018）	筛选值	—	65	38	60	18000	800	5.7	—	900	
		管制值	—	172	82	140	36000	2500	78	—	2000	

注：pH 无量纲。

按照每人每天产生垃圾量 0.5 千克来计算，到 2020 年、2025 年游客产生的生活垃圾总量分别为 10812 吨、29948 吨，若处置不当，将给环境带来较大压力。同样根据 2016 年统计的国庆假期期间涌入景区的 16.8 万人次的游客数量及发展规划预测的每人每天产生垃圾量 0.5 千克，其旅游过程中每日所产生的垃圾在 8 吨以上，如小七孔景区内的果皮纸屑、塑料罐及其他食品垃圾等堆满各个垃圾桶甚至堆放在垃圾桶旁。LB 县作为一个旅游地，大大小小的假期尤其是旅游旺季都会迎来大批游客，这些暴增的垃圾加大了当地垃圾处理的工作量，严重破坏了生态平衡，无论以什么方式处理都会对当地生态环境造成负面影响。

4. 植被及生物多样性

LB 县气候温暖湿润，适于多种植物生长发育，珍稀植物资源丰富。动植物分布新纪录在 160 种以上，是一个罕见的生物基因库。无论在哪个地区，植被都是当地的重要保护对象，而在旅游区，植被还是一种很重要的旅游资源。在开发建设旅游景点过程中，免不了会对山体进行开采、改造或在景区内建设一些基础设施，如休息站、步道等，各种机器对山体的挖掘、碾压等导致大量植物遭到毁坏、林木减少，改变山体地貌，从而对植被造成破坏。特别是有些建设项目面积较大，会对施工地及周围环境造成不利影响，如大小七孔景区旅游提质升级建设项目，其规划面积高达 82600000 平方米，占地类型主要为农林用地，因此工程在施工建设时，必然会扰动地表、破坏植被，加剧水土流失，对生态环境造成破坏。施工期产生的粉尘被植物叶片截留后会阻塞植物叶片气孔，阻碍气孔传导和气体交换，降低植物的光合作用，影响植物的正常生长，造成植物品质下降。同时由于 LB 县多数景区都在深林、山地等内，游客在进入旅游区后对植物的践踏、人为破坏等，都会造成区域内植被的减少，从而破坏生态平衡。该县动物资源也十分丰富。旅游项目的建设破坏植被的同时，也破坏了原有生态环境中动物的栖息环境；此外，施工机器的噪声及施工人员的活动对周围动物造成干扰。同时受旅游活动影响，野生动物数量也会减少。

（二）全域旅游对 LB 县生态环境产生的积极影响

作为首批国家全域旅游示范区，LB 县抢抓贵州实施"全域旅游"战略契机，构建了以城区玉屏街道为核心，以朝阳、甲良、小七孔、佳荣等乡镇为支撑，以大小七孔景区、茂兰自然保护区、交通廊道沿线乡镇为节点的发展格局。2017 年，LB 县圆满完成了以 22 个重点项目为核心、总投资约 88 亿元的景区提质扩容工程。邓恩铭故居陈列馆、樟江景观带及慢行系统、果园公路、大小七孔景区服务设施提升工程等项目已全面建成。景区面貌焕然一新，县域整体发展水平得到了大幅提升，而这些显著变化都离不开全域旅游所带来的积极影响。

1. 增强环境保护意识，促进生态保护

科学的旅游开发和生态保护规划在一定程度上增强了资源和环境保护意识，有效的生态环境保护政策实质上强化了生态保护行为。LB 县全域旅游的发展对当地生态资源的依赖程度很高，地方政府若想做好持续性的旅游产业，就必须重视对生态的保护。这就促使 LB 县政府探索管理制度的创新，遏制对生态环境的不利行为，大力宣传对生态环境的保护，注重在原有生态的基础上增加绿色因子，进而促进生态环境的改善。LB 县致力发展生态旅游，实施了一系列的植树造林、封山育林、珠江防护、石漠化治理、水土保持等生态建设工程。森林覆盖率由 2005 年的 55.24% 增长到 2017 年的 69.55%。如典型的户均拥有森林面积达 107 亩的大土村，现如今被规划建设成了一个集生态旅游、乡村旅游、特色养生度假及民族文化体验于一体的特色苗寨。LB 县还推行了"一保护、两禁止、三关闭、严治理"的生态环境保护政策，实行"一厂一策"治理措施，严格依法查处各类环境违法行为，制定实施了《投资准入特别管理措施》，撤除并禁止煤矿、冶炼、电力等对环境影响大的投资领域和产业，大力抑制高污染产业的扩张。同时，政府每个月都对该县环境空气质量和县城、乡镇集中式饮用水水源地水质进行自动监测，并将监测数据公布在政府官网上；定期对污水处理厂、垃圾处理厂等地的环境进行现场监察等。LB 县的这一系列做法都对生态环境起到了极大的保护作用，而在大力实施这些工作的背后，人们也看到了政府对生态环境的重视，进而起到了很好的宣传效果。同时，全域旅游的发展吸引了越来越多的游客，让越来越多的人知道了 LB 县的旅游景点和生态优势，其带来的经济效益和社会效益使管理者和参与者看到了生态红利，也受到了社会大众的间接监督，"青山绿水、蓝天白云"的全域旅游环境观和资源观正在逐步形成，全民的环保意识有所增强。

2. 污染治理与生态建设同时进行，改善原有生态环境

人们的不正当活动导致不少资源在还没开发时就存在或大或小的生态问题。LB 县蕴藏着比较丰富的煤炭等矿产资源，在以往相当长的时间内，

这里主要依靠开采煤矿实现经济的发展，也是当时 LB 县的主要财政收入来源。到 20 世纪 90 年代煤炭开采达到极盛，年产量在 200 万吨左右，大大小小的煤矿煤窑多如牛毛，呈现地上车水马龙、天上烟尘滚滚的场景。到了 21 世纪初，当地人无序开采，资源严重浪费，导致当地生态环境满目疮痍，造成了土地塌陷、污水横流等一系列严重后果。一向以煤炭工业为支柱产业的 LB 县经济遭受重创，因"黑色经济"而鼓起腰包的群众也开始返贫。因此在后来的旅游资源开发和全域旅游规划中，LB 县便采取旅游区域生态建设和污染治理同时进行的措施，LB 县全域旅游项目的提质扩容建设以治理为主，尽量在不破坏或者不严重破坏生态环境的基础上进行，并建立了由县检察院、法院、环保、林业、国土等部门组成的生态环境执法联席会议制度，形成工作联动机制，严厉打击生态环境违法行为。提出发展全域旅游后，LB 县围绕樟江整治，启动樟江国际城城市综合体、樟江沿河景观整治、月亮湖、板旺安置区、LB 古镇、中央城等 30 个在建项目，全面优化基础设施建设，完善县城路网结构，提升了县城综合承载能力。据了解，近年以来，LB 县完成石漠化治理 105 平方公里，治理水土流失69.28 平方公里，建成城镇污水处理厂 6 座，配套污水处理设施也相应增加或改（扩）建，新增污水收集管网 3000 米，确保游客生活污水收集处理率达到 100%，环境监察监测能力建设通过国家验收，集中式饮用水水源地水质达标率、县城环境空气质量达标率均达 100%。同时还采取严格的措施，对施工过程中产生的固体废弃物进行妥善的处理，规划旅游景区采用生活垃圾定时到垃圾桶收集的方式，服务区、集中居住区采用定点或定时收集的方式，把垃圾送至垃圾转运站或垃圾收集点，然后通过运输车送至生活垃圾处理场进行无害化处理。这一系列治理行动极大地改善了生态环境质量，也为全域旅游的可持续发展做出了很大的贡献，在很大程度上遏制了为了经济发展而进行的黑色开发，既保护和美化了生态环境，也使当地生态环境逐步进入良性循环。

3. 为生态环境保护和改善提供资金支持

LB 县委书记尹德俊（2015）介绍："近年来 LB 不断加大生态保护资金投入，2013 年以来共投入 52.44 亿元，用来强化环保基础设施建设、生态创建、环境治理和环境监管能力建设。"2017 年县级政府投入节能环保资金 803 万元，其中五项指标（环境保护管理、环境监测与监察、污染防治、自然生态保护、污染减排）支出县级投入 375 万元。同时县级政府还平均每年投入 4000 余万元资金，以平均每年新增人工造林 3 万余亩的增绿速度推进全县绿化工作，完成营造林 53.3 万亩。借力"四在农家·美丽乡村"基础设施建设小康寨行动计划，LB 县立足山区、生态、民族等特色优势，从传统民居修缮项目、环境综合整治项目等方面着手，投入 300 余万元完善懂蒙、水甫、尧古、者吕等传统村落基础设施建设，打造了一批定位鲜明、类型各具、特色纷呈的布、水、苗、瑶民族特色示范村寨。经过大量资金的投入，LB 县的生态环境得到了较好的保护和改善，如得到首批打造的民族村落——洪江村，村里的老旧房子变成了一件件艺术作品，各地艺术家也相继入驻，洪江村现已成为一个艺术村、网红村，吸引了大批游客，环境治理也取得了较好的成效。同时，从表 1 中各个项目所估算的客流量来看，数量庞大的游客进入 LB 县，给 LB 县政府及当地居民带来了较好的经济效益。这也使当地有了更多的资金来对生态环境进行改善和保护。

四 结论

发展全域旅游对当地生态的影响有好有坏，LB 县在发展全域旅游的同时能够意识到依托生态更要保护生态，并积极采取措施，制定保护、治理等政策，对当地的生态保护起到了积极的作用，更是守住了绿水青山，将它们变成了金山银山。

从总体来看，全域旅游发展到一定的程度，对生态发展有很大的促进作用。尤其是在大力倡导绿色发展、生态保护的今天，为了配合国家的"大生态"的大政方针，为了生态资源的可持续发展，更为了人类与自然的和谐相处、共生共荣，在发展全域旅游的过程中注重生态保护是人们的必然选择。发展全域旅游确实带来了很多好处，既可以发展地方经济，也可以保护和挖掘地方原有的历史文化资源；既可以提升城市的知名度和增强当地居民的认同感，也可以帮助贫困户实现脱贫。在对生态没有太大的损害的情况下，依靠发展全域旅游来带动社会、经济、文化等的发展确实是一个不错的选择，更是一些贫困地区在资源有限的条件下发挥比较优势实现区域经济增长和居民脱贫致富的理想选择和绝佳路径。在出于不同目的参与全域旅游的主体中，如政府为了获得政绩、企业为了经济效益、居民为了自身利益以及游客为了诗情画意，都要有主动保护生态环境的社会责任意识，要明白旅游活动对生态的不良影响不得超过自然环境本身的再生能力，任何一个政府的不合理规划、企业的不负责行为和游客的不文明举动都会对生态环境造成一定影响。

　　因此，政府要科学管理，在规划和建设旅游项目时要充分考虑当地地理环境的承受度，如长期施工及其带来的一些影响是否会对当地的环境造成破坏，与旅游和生态保护相关的基础配套设施如垃圾桶、垃圾处理厂、污水处理厂等是否配备完善，更要加大环境保护宣传力度。旅游开发商和经营商也要担负起社会责任，不要一味地为了经济效益最大化而不顾生态环境的脆弱性，在重大节假日期间不要只为了门票效益，而无节制地让景区内游客暴增，要合理控制游客总量，因为超负荷的人群本身就会对环境承载力造成很大的压力。同时游客也要意识到，在景区内的不文明行为如随地乱扔垃圾、随手攀折花草树木、随意践踏植被等，更是会加速生态环境的破坏。只有在追求经济价值的同时不忽视生态价值，着眼于长远利益，人人都担负起生态保护的责任，旅游与社会、经济等才能良性运行和协调发展。

参考文献

蔡爽，2013，《旅游活动对生态环境的影响及解决措施》，《管理观察》第 24 期。

方慧敏，2018，《浅析旅游活动对生态环境的影响与应对》，《度假旅游》第 11 期。

高小茹，2015，《浅谈旅游经济发展对生态环境的影响及解决对策》，《商场现代化》第 6 期。

葛春，2018，《小五台山旅游对生态环境的影响研究》，《现代园艺》第 13 期。

侯薇，2018，《旅游活动对生态环境的影响与应对》，《智库时代》第 33 期。

胡向红、李玉兰，2017，《荔波旅游发展中存在的环境问题及对策研究》，《旅游纵览》（下半月）第 7 期。

李金早，2016，《全域旅游的价值和途径》，《人民日报》3 月 4 日。

林宇、林家润、周慧，2018，《日照市非物质文化遗产的旅游开发与生态环境影响研究》，《中国商论》第 31 期。

刘常洁，2017，《全域旅游视角下升金湖生态旅游影响因素研究》，安徽财经大学硕士学位论文。

苏盛刚、孙红瑜、尹冬冬，2010，《生态旅游对生态环境的负面影响及解决措施》，《林业勘查设计》第 2 期。

谭红等，2010，《黔南土壤环境质量状况浅析》，《广州环境科学》第 2 期。

王伟、张磊、张光辉，2018，《乡村生态旅游对生态环境的影响及长效管护对策》，《山东农业工程学院学报》第 3 期。

肖艳、高丽楠、王岑涅，2016，《议生态旅游对自然保护区生态环境的负面影响》，《旅游纵览》（下半月）第 5 期。

尹德俊，2015，《以全域旅游战略引领荔波大发展》，《当代贵州》第 36 期。

于昕、刘洋、韩兴华，2012，《浅析旅游对生态环境的影响及保护措施》，《科学大众（科学教育）》第 6 期。

张潇、赵建伟、沈庆仲、肖宇，2019，《生态旅游对生态环境影响的监测指标分析——以西双版纳国家级自然保护区为例》，《安徽农业科学》第 4 期。

朱万峰，2018，《全域旅游要坚持生态打底》，《中国生态文明》第 1 期。

责任编辑：张红春

基层治理与公共服务专题

21 世纪初我国乡村治理思想浅析

——基于 2004～2018 年 15 份中央一号文件的考察

尹小恩[*]

摘　要： 作为国家治理重要场域的乡村，其治理好坏与国家治理现代化有重大关联。我国乡村治理思想主要体现在历年发布的针对农业、农村、农民问题的各类文件当中，这一系列的思想和举措是指导当前农村工作的重要理论依据。21 世纪初我国乡村治理思想形成主要基于以下三个方面的内容：走出"政社合一"的现实困境，开创"乡村善治"新的局面，践行"共建共享"的新发展理念。分析 21 世纪我国发布的旨在推进农业农村发展、富裕农民的若干份中央一号文件，我们可以大致总结出我国乡村治理思想所包含的主要内容，考察相关内容则有助于我们进一步思考其思想内容的主要特点。通过对 21 世纪初我国乡村治理思想的内容和特点进行分析，我们便可以得出这一思想形成的重大理论和现实意义。

关键词： 乡村治理　中央一号文件　治理现代化

"乡村治理"在国内作为学术概念首先出现于 20 世纪 90 年代，我国乡村治理思想的内容则集中体现在 21 世纪初发布的中央一号文件之中。分析我国在 21 世纪初发布的一系列有关农业、农村、农民的文件，我们可

* 尹小恩，湖北黄冈人，现为武汉大学马克思主义学院硕士研究生，研究方向为马克思主义中国化。

以大致总结出中国乡村治理思想所包含的主要内容，考察相关内容则有助于我们进一步思考其思想内容的主要特点。通过对 21 世纪初期我国乡村治理思想的内容和特点进行分析，我们便可以得出这一思想形成的重大理论和现实意义。

一　我国乡村治理思想产生的背景

"乡村治理是指以乡村政府为基础的国家机构和乡村其他权威机构给乡村社会提供公共产品的活动。乡村治理的基本目标是维护乡村社会的基本公正、促进乡村社会的经济增长以及保障乡村社会的可持续发展。"（党国英，2008）我国历来重视农业、农村、农民问题，改革开放以来，传统的农村组织形式——人民公社制度伴随家庭联产承包责任制的兴起而逐渐解体，为构建新型的乡村治理体系，推动乡村有序发展进而维护乡村社会的和谐稳定，我国采取了一系列举措创新乡村治理，形成了新时期符合中国实际情况的乡村治理思想理论。考察 2004～2018 年 15 份中央一号文件可知，"乡村治理"作为官方概念首次正式出现于《中共中央国务院关于推进社会主义新农村建设的若干意见》（中发〔2006〕1号）当中，文件明确提出"加强农村民主政治建设，完善建设社会主义新农村的乡村治理机制"，并从提高农村基层党组织在乡村社会的组织协调力及领导力、切实维护农民的民主权利、培育农村新型社会化服务组织等方面提出了构建新型乡村治理模式的相关思想。在此后历年的中央一号文件中，"乡村治理"成了文件的关键词和重要线索，文件当中有关乡村治理的主体、领导力量、治理基础、治理机制、治理体系共同构成了一个系统的思想体系，逐步形成了符合中国实际、兼具中国特色的乡村治理思想。这一思想理论的逐步形成主要基于以下历史与现实背景。

（一）走出"政社合一"困境的需要

新中国成立后，我国在探索社会主义建设道路的过程中，采取合作化的方式完成了对农业的社会主义改造，这种土地集体所有制的形式使农民首次成了乡村真正意义上的主人，为日后乡村治理主体的确立奠定了政治基础。1958 年以后，"政社合一"的人民公社制度首次将生产与社会管理集中到了政府手中，"一大二公"成为这一时期我国乡村社会的主要特点。

值得注意的是，在社会主义建设初期，"人民公社"的乡村政权组织形式符合中国的现实国情，并发挥了积极的作用。在经济建设方面，人民公社制度有利于集中一切社会资源推进国民经济的恢复和社会主义工业化目标的实现，将极为有限的资源进行最有利于国家发展全局的分配。在政权建设方面，在乡村地区设立党委、党支部领导乡村地区建设，加强了党委的集中统一领导，这对于巩固新生的社会主义政权极为有利。从教育人民的角度来看，"政社合一"的组织形式促使广大农村地区的人民参与到国家的建设当中，人民的政治热情空前高涨。因此，这是一次对农民进行社会主义、集体主义理念的深入贯彻，也是一次对人民当家做主的实践探索。

然而，"政社合一"的政权组织形式的实质是采用行政方式来组织乡村地区的经济政治建设，忽视了基层政权建设的复杂性和变化性。因此，从长远来看，人民公社制度并不是一种理想的生产组织方式，它无法适应乡村现代化建设的需要。而伴随家庭联产承包责任制的推行，这种体制也难以维持乡村地区的生产生活发展。为走出"政社合一"的现实困境，探索新的乡村治理模式也就显得十分必要。

（二）开创"乡村善治"局面的抓手

党的十八届三中全会提出了实现国家治理体系和治理能力现代化的重大战略目标，乡村治理作为国家治理体系中最为基础的组成部分，其治理的好坏直接关系到国家治理现代化能否实现。研究政治发展问题的专家亨廷顿（2008：241）曾说："在现代化政治中，农村扮演着关键性的'钟摆'角色。作为把农民纳入政治制度方式的'绿色起义'，其性质决定着以后政治发展的路线。""农村的作用是个变数：它不是稳定的根源，就是革命的根源。"

当前我们在进行乡村治理过程中，面对时代的变化，乡村治理面临全新的要求和挑战。改革开放促使城乡人口得以自由流动，城市强大的市场号召力将青壮年人口吸引到城市，旧的基层自治制度难以维持。市场经济的发展使传统乡村价值观解体，城乡人口的剧烈流动冲击着人们的思想观念，新的价值体系尚未完全建立，乡村道德风尚滑坡现象明显，乡村治理乱象丛生。在此背景下，规范乡村治理主体，协调各治理主体间的行为关系，优化乡村治理主体的正态结构，形成治理主体良性互动，进一步推进乡村善治目标的实现变得更为紧迫。郑茂刚在综合学术界关于善治研究基本观点的基础上，指出"善治"涵盖了以下价值性要素：民主、自治、法治、参与、公正、透明、责任、稳定、和谐等内容（郑茂刚，2007）。而这正是当前我国在进行乡村治理过程中所追求的价值取向。

（三）践行"共建共享"理念的引擎

党的十九大报告从统筹推进"五位一体"总布局、协调推进"四个全面"战略布局的高度，进一步强调了完善社会治理对于推进国家治理体系及治理能力现代化的重大意义，提出一系列新思想、新举措，这为新的历史条件下加强和创新乡村治理指明了方向，成了当前全面振兴乡村、强农惠农的新的历史宣言书。

乡村治理是一项系统全面的浩大工程，这就需要我们审时度势、灵活并有针对性地处理好乡村地区各方利益，寻求有利于新的治理方式有效推进的最大公约数，既要引导广大农民群体成为乡村治理的参与者，也要切实解决好农民群体的现实困难，在乡村治理的实践过程中维护好、发展好广大农民群众的切身利益。新时代下，我国社会的主要矛盾已经转化为人民日益增长的美好生活需要和不平衡不充分的发展之间的矛盾。正确地认识和把握好这一主要矛盾的转化是继续推进乡村治理有效开展的基本前提，因为"在当前的中国，城乡发展的不平衡是我国社会发展中的最大不平衡，而农业农村发展的不充分是当前最大的不充分"（秦中春，2017）。为促进我国工业化和城市化的进程，农村一直都是资源和人才的流出地，无论是社会主义建设时期的"工占农利"，还是改革开放后的农村地区对城市原始积累的支援，都是单向的资源流动，这在不同程度上加剧了乡村的衰落。

在 2013 年中央农村工作会议上，习近平总书记提出"中国要强，农业必须强；中国要美，农村必须美；中国要富，农民必须富"（中共中央文献研究室，2014：658）的"三个必须"，将"农业基础稳定，农村和谐稳定，农民安居乐业"作为新时期农业和农村工作的总体目标和要求。这一目标和要求的提出，表明了新的领导集体对于农业和农村工作的极大重视，体现了在共同建设中共享发展成果、增进人民福祉的发展理念。推进农业农村发展，创新乡村治理形式，发展繁荣乡村经济，增强广大农民获得感，这不仅是中国特色社会主义进入新时代的客观要求，也是解决新时代我国社会主要矛盾的本质规定，更是全面建设社会主义现代化强国的现实需要。

二　我国乡村治理思想的主要内容

从 2006～2018 年的 13 份中央一号文件中可以看到，我国乡村治理思想的内容主要涉及以下几个方面：治理主体、领导力量、治理基础、治理机制、治理体系等。2006 年中央一号文件从加强农村民主政治建设入手，指明了乡村治理过程中的领导力量——基层党组织，强调要"充分发挥农村基层党组织的领导核心作用，为建设社会主义新农村提供坚强的政治和组织保障"（人民出版社，2014：131），并不断完善建设社会主义新农村的乡村治理机制，这是中央一号文件首次提出"乡村治理"的概念。其次，村民自治机制作为维护农民民主权利的有效组织形式，其作用的有效发挥不仅有利于乡村社会民主政治建设的发展，也是社会主义民主政治真实性和有效性的集中体现。因此，必须完善"一事一议"民主议事制度并加强农村法治建设，从制度和观念上推进乡村民主政治建设，推进乡村社会治安综合治理。2007 年中央一号文件从治理主体和领导力量两个方面指出了乡村治理依靠的力量，为乡村治理找到了人才和智力支持并指明了乡村工作的重大原则。为适应农村经济社会的深刻变化，我国着重从加强党委和政府服务工作、创新乡村管理机制、完善基层民主政治建设等方面做出了战略部署。2008 年中央一号文件强调了农村基层组织建设是加强农村工作的重要组织基础，必须发挥好基层党组织在乡村建设中的作用，明确"必须以改革创新精神全面加强农村基层组织建设，增强基层组织带领群众发展生产、共建和谐的能力"（人民出版社，2014：175），同时引导共青团、妇联等人民团体更好地发挥党联系群众的桥梁和纽带作用。2010 年中央一号文件继续强调加强农村基层组织建设，完善符合国情的农村基层治理机制。强调要规范村级民主选举、民主决策、民主管理、民主监督程序，着力改进乡村地区重大事宜决策、村干部选举程序、农村社区服务建设各方面工作。2013 年中央一号文件重点突出了完善乡村治理机制的紧迫性和可行性，明确了要建立符合国情、规范有序、充满活力的乡村治理机制。2015 年中央一号文件明确以城乡发展一体化推进新农村建设，并首次将生态文明建设纳入乡村治理之中。2016 年中央一号文件再次强调了要加强党对"三农"工作的领导，凸显了党的领导对于乡村治理的极端重要性。文件明确指出，推进农业现代化和农民奔小康，必须坚持党总揽全局、协调各方的领导核心作用，进一步改进农村工作体制机制和方式方法。2018年中央一号文件提出要加强农村基础工作，构建乡村治理新体系，并将其作为乡村振兴战略的重中之重。文件通篇对乡村振兴战略进行了谋划布局，表明我国乡村治理进入了新的发展阶段。

分析2006～2018年历年的中央一号文件，我们可以得出我国乡村治理思想主要涵盖以下几个方面的内容。

（1）从治理主体来看，广大农民群体是乡村治理的主体，必须充分调动广大农民群众的积极性，培养有文化、懂技术、会经营的新型农民，储备大批懂农业、爱农村、爱农民的"三农"工作队伍。强调农民作为乡村治理的主体，不仅彰显了我国人民当家做主的社会主义民主本质，也是激发广大农民全面融入乡村建设这场伟大战役、巩固其乡村主人翁地位的根本要求。

（2）从领导力量来看，坚持党管农村工作是我们党的一个传统和重大原则，也是建设现代农业、推进社会主义新农村建设的根本保证。"党政军民学，东西南北中，党是领导一切的。"乡村治理作为中国特色社会主义现代化建设事业的重要组成部分，其牵涉的领域错综复杂，必须统筹谋划、系统推进。因此，必须加强和改善党对乡村社会的领导，依据时代发展变化，调整工作思路，转变工作作风，改进工作方法。

（3）从治理基础来看，加强农村基层组织建设是落实好农村政策的重要保证，必须加强基层党组织建设，发挥好基层党组织模范带头作用；健全基层群众自治制度，发挥村民委员会在村级治理中的基础作用，发挥各社会团体在党联系群众、服务社会中的中介作用。必须强调在党的领导之下，多方面、宽领域地拓展和扩大群众参与乡村治理的深度和广度，实现政府管理和群众自治的良性互动，努力把农村社区建设成管理有序、服务完善、文明祥和的社会生活共同体。

（4）从治理机制来看，符合国情、规范有序、充满活力是治理机制的总要求，具体而言，运行机制包括：民主选举、民主决策、民主管理、民主监督制度，"四议两公开"制度，矛盾纠纷的排查调处机制，以及应急管理机制。

（5）从治理体系来看，基层党组织建设是推进乡村民主政治建设的关键，切实有效地维护农民民主权利是乡村民主政治建设的出发点和落脚点，因此，必须构建自治、法治、德治相结合的乡村治理体系。坚持深化村民自治实践，必须健全和创新基层党组织的领导方式，全面建立健全村务监督委员会，推行村级事务阳光工程，推进乡村社区治理创新；建设法治乡村，必须坚持法治为本，树立依法治理理念，推进乡村社会综合行政执法改革向基层延伸，健全农村公共法律服务体系，依法有效维护农民合法权益；提升乡村德治水平，必须深入挖掘乡村熟人社会蕴含的道德规范，与时俱进，去粗取精，强化德教的辅助作用。"三治合一"乡村治理体系既是推进国家治理体系和治理能力现代化的实践场域，也是实现乡村振兴的方法论，坚持完善自治主轴线，利用法治和德治共同促进自治的原则，构建系统完善的乡村治理体系。

三　我国乡村治理思想的主要特点

（一）以人为本的人民性

时刻关注人民的意愿，把最广大人民根本利益作为一切工作的出发点和落脚点，是中国共产党在领导和开创中国特色社会主义伟大事业的过程中始终坚持的根本理念。自 1982 年起，中共中央结合中国农村实际，连续 5 年发布以支农惠农为主题的中央一号文件，对乡村建设做出具体部署，这是我国在改革开放新时期对乡村建设的初步探索。2004 ～ 2018 年又连续 15 年发布以"三农"（农业、农村、农民）为主题的中央一号文件，强调了"三农"问题在中国社会主义现代化建设中的极端重要性。在对历年中央一号文件进行考察的过程中，可以看出，无论是对乡村治理大计起着统筹作用的重大思想方针，还是具体实施的战略部署和举措，其出发点和落脚点均在于为广大农民谋利益、求发展，其精神意蕴和价值取向无不体现着以人为本，彰显着中国共产党人的先锋性质和人民情怀。

2003 年党的十六届三中全会提出将"以人为本"作为科学发展观的核心内容，以此适应中国改革开放深入推进的需要，最大限度地激发人的主动性、积极性和创造性。在"以人为本"理念的指导下，我国在加强乡村地区的民主政治建设、切实维护广大农民的民主权利、创新和改善党对乡村治理工作的领导、完善乡村治理机制等方面做出了一系列卓有成效的努力。在这一过程中，我国逐步明确了乡村治理过程中的领导力量、治理主体、治理基础以及治理机制等主要内容，提出了坚持村民自治、党管农村、社会参与的乡村治理原则，为我们在今后一个时期建设现代农业、推进社会主义新农村建设提供了根本保证。2015 年，党的十八届五中全会首次提出"以人民为中心"的发展思想，乡村治理的内涵和理念得到了进一步的发展，昭示着我国乡村治理步入了新的历史发展阶段。围绕"发展为了人民、发展依靠人民、发展成果由人民共享"，着力解决乡村治理过程中的不平衡不充分问题，我国乡村治理的内容不断丰富，从推动城乡发展一体化战略到实施乡村振兴战略，并且明确了乡村振兴战略实施的总体要求，即"产业兴旺、生态宜居、乡风文明、治理有效、生活富裕"，提出了健全自治、法治、德治相结合的乡村治理体系，为维护农民利益、保障农民乡村治理的主体地位提供了法律保障，彰显了鲜明的人民立场和价值取向。

从文件形式来看，"中央一号文件"作为国家重视农业与农村的重要代名词，其政策颁布的连续性和聚焦农村问题的现实性本身就体现了对于农民的高度关注，体现了发展为了人民、发展依靠人民、发展成果由人民共享的共建共治共享理念。

从文件内容来看，2004～2018 年的中央一号文件在繁荣农业、发展农村、富裕农民方面做出了一系列的战略部署与战略举措，明确了各阶段的重大战略目标。2004 年、2005 年的中央一号文件主要强调多途径增加农民收入；2006 年提出了建设社会主义新农村的重大举措，"通过国家整合，从根本上改变农村状况，在业已分化的城乡差别的基础上重新构造城市与乡村的有机联系和同一性"（徐勇，2009：19）；2007～2011 年针对建设社会主义新农村提出了一系列重大战略部署，强调从多个方面推进社会主义新农村建设；2012～2016 年聚焦于实现农业农村现代化问题；2017 年主要对农业供给侧结构性改革做了系统全面的说明；2018 年做出了实施乡村振兴的重大决策。综上可以看出，我国乡村治理主要围绕事关农民切身利益的重大民生问题展开，体现了高度的人民意识。

（二）与时俱进的创新性

1. 形成了"三位一体"的乡村治理体系

乡村自治是传统治理经验的启示，也是农民自主探索新的乡村治理模式的有益成果。长期以来，基层自治的治理模式在乡村治理当中发挥了重要的作用。随着经济社会的发展，乡村社会利益出现分化，市场化浪潮促使乡村产业日益多样化，乡村主体变得更加多元化。因此，在乡村治理过程中，"客观上需要不同利益主体之间的利益都能得到有效的照顾和保护，不同利益主体在利益博弈和冲突的时候，都需要一定的代表话语机制来保持自身利益受到应有的重视"（何阳、孙萍，2018）。社会实践的发展使单一的自治模式面临新的困境，具体表现为：乡村人口的大量流失导致乡村治理人员缺失；民主法治观念淡薄使村民自治缺乏民主性，进而导致村民委员会的民主管理、民主决策、民主监督流于形式；商品价值的冲击则使乡村民风衰微，乡村治理主体和领导力量在治理过程中缺乏精神感召力。

2018 年中央一号文件提出了构建自治、法治、德治相结合的乡村治理体系。"三位一体"乡村治理体系的提出是对理论界宣称的"自治已死"的有效应对，也是对旧的基层自治模式的创新发展。从本质上看，乡村治理体系的创新发展是为了充分发挥村民自治的积极作用，进一步强化村民利用村民委员会进行自我管理、自我教育及自我服务，从而有效地规范乡村地区的民主选举、民主管理及民主监督行为；激发乡村自治主体的智慧，摒弃部分与时代发展不相适应、不利于村民自治效果发挥的落后因素，实现村民自治的思想、方法及规范的创新，建立符合国情域情、体现时代特征、规范有序、充满活力、体现民情、彰显民意的村民自治秩序。

"三位一体"的治理体系是一个多维共建的体系，自治既是目标，也是实现乡村善治的主要方式，体现了对农民作为乡村治理主体的认同；法治是基础，村民自治是法治基础上的自治，唯有践行法治理念，乡村治理才能在秩序化和规范化的路径上稳步前进；德治是重要的补充，必须"在自治制度设计和运作过程中彰显道德色彩，以德治弥补法治的不足，将软治理与硬治理有效结合"（何阳、孙萍，2018），进而促进乡村社会的和谐发展。自治、法治、德治三者协同，共同构成"三位一体"的乡村治理体系。

2. 确立了"一体两翼"的乡村治理机制

在乡村治理当中，基层群众自治组织（村民委员会）是乡村治理的基本组织形式，基层党组织和社会组织则分别起到了领导和协同推进的作用，是基层群众自治组织的有效补充。改革开放以来，基层群众自治一直都是我国在探索乡村治理过程中保障广大农民的基本权益，确保乡村工作有序开展的重要保障。实践证明，在当前形势下，村民自治依然是广大农民群众进行民主决策、民主管理、民主监督的有效平台。首先，村民自治作为当代中国现实国情与历史传统的制度创新成果，其在引导村民参与基层治理、推进乡村治理主体多元发展、促进基层政治文明建设方面意义重大。其次，市县乡村治理必须充分发挥基层党组织的领导核心作用，"因为基层党组织是乡村治理的政策来源和决策者，是中国基层政治发展的最重要的行动者"（周庆智，2015）。因此，2006 年中央一号文件提出"充分发挥农村基层党组织的领导核心作用，为建设社会主义新农村提供坚强的政治和组织保障"。此后历年中央一号文件在涉及乡村治理领域时，均强调要发挥基层党组织的领导核心作用。2008 年中央一号文件在谈到探索乡村有效治理机制时，强调要充分发挥共青团、妇联等人民团体在基层治理中的协同帮扶作用，同时有效发挥乡镇企业工会基层组织、民兵组织在推进乡村治理中的积极作用。

（三）　多维全面的系统性

考察 2004～2018 年连续 15 年的中央一号文件可以看出，我国乡村治理经历了一个逐步发展、渐次改进的过程，其思想内容涵盖了治理主体、领导力量、治理基础、治理机制以及战略目标等若干方面。其中，治理主体是乡村治理的出发点以及最终的落脚点。也就是说，乡村治理必须坚持以广大乡村人民群众为中心，必须从广大乡村人民群众的整体利益出发来谋划布局，治理的最终结果必须以人民群众的评价为标准。领导力量是乡村治理有序进行的根本保证，乡村治理是一项系统、伟大而又长久的事业，必须坚持党对农村工作的全面领导，这是乡村事业胜利的根本保证。治理基础是推进乡村治理全面开展的重要保障，必须全面加强农村基层组织建设，提高基层组织带领群众发展生产、共建和谐的能力。治理机制是实现乡村善治的内在保障，党的十九大报告提出"实施乡村振兴战略"，并提出"产业兴旺、生态宜居、乡风文明、治理有效、生活富裕"20 字的总要求。其中"治理有效"相比原来新农村建设要求中所提的"管理民主"，涵盖的内容更为广泛、立意更加深远。乡村治理必须坚持发挥基层自治制度的基础作用，加强基层党组织的领导作用，创新社会组织的协同作用。战略目标是乡村治理所期望达到的效果，既是检验乡村治理成效的标尺，也是激发乡村治理各主体积极性的精神动力。

四　我国乡村治理思想形成的重大意义

（一）　创新乡村治理形式，为振兴乡村提供理论指导

党的十九大报告明确提出实施乡村振兴战略，这一伟大构想是在我国处于全面建成小康社会并顺利实现社会主义现代化的关键时期提出的，充

分显示了新的领导集体坚持"以人民为中心"的发展理念，以人民福祉为执政导向的价值追求，是新时期实现乡村振兴，顺利建成惠及千百万劳动人民的小康社会的时代宣言书。乡村振兴战略作为党和国家在历史新时期制定的宏伟蓝图，其内涵丰富、目标宏大、影响深远，在具体的操作过程中可能会遇到众多利益藩篱，面临众多难题和障碍，必须以正确有效的理论指导乡村治理实践，构建统筹各方、盘活全局的乡村治理体系。

乡村振兴的总体要求是实现产业、生态、乡风、生活等全面发展，达到治理有效的目的，破解城乡二元结构的困境，实现城乡一体化发展。首先，我国在探索乡村治理的过程中坚守党管农村的传统和重大原则，为一系列涉农惠农的大政方针全面贯彻落实提供了有效保障。农村基层组织建设是我国落实农村政策、做好"三农"工作的重要组织基础，也是顺应乡村经济社会结构、城乡利益格局、农民思想观念深刻变化的必要举措。其次，加强乡村基层基础工作，构建乡村治理体系为乡村振兴指明了方法路径。乡村振兴，治理有效是基础。最后，从社会主义新农村建设时期的"以人为本"到乡村振兴过程中的"以人民为中心"的发展理念，我国在探索乡村治理的过程中始终坚持为最广大人民利益服务的思想原则，体现了始终站在最广大人民立场的政治本色和价值取向。

当前，乡村振兴关乎最广大人民的切身利益，关乎乡村社会长远发展，必须全面贯彻落实"以人民为中心"的发展理念，坚持在符合农民利益诉求、有利于乡村长远发展的领域寻求新的方法路径。把握乡村振兴得失标准，必须坚持以下三条：在实施路径方面，主要看是否有利于改善广大农民的生活水平、是否有利于乡村社会的长远持续发展；在乡村振兴实施的主体选择方面，主要看是否有利于激发广大农民的建设积极性和主动性；在乡村振兴的价值选择中，"以人民为中心"的发展理念必须贯穿始终，坚持做到共建共享，推动乡村治理的良性循环发展。

（二）丰富国家治理体系，推进国家治理能力现代化

"国家治理体系是主权国家治国理政制度体系的总称。就我国而言，国家治理体系主要指国家经济建设体系、政治建设体系、文化建设体系、生态建设体系、国防军队建设体系和党的建设体系等在内的制度体系之总称。"（应松年，2014）一个国家治理体系具有相对的规定性、固定性和稳定性。国家治理能力则是指一个国家治理体系综合协调、分工合作、发挥作用、体现价值和实现目标的一种资格、水平和能力。它关乎人民生活条

件改善、社会稳定发展以及政权建设的合法性问题，是一个国家必须高度重视的国家安全战略问题。

"中国是农业大国，一直以来农村被视为国家政权的基础，乡村治理能力也被视为国家治理能力的基石。基层治理本质上是国家权力向基层延伸并为社会订立规则的过程。"（黄冬娅，2010）因此，农村基层治理能力涵盖了国家向下对乡村社会的管控能力以及国家与乡村社会的协同治理能力。其中，管控能力主要表现为国家对乡村社会的资源获取能力、政治建设能力、经济助推能力、社会服务能力四个方面，而协同治理能力则应表现为国家与乡村社会之间制度化、规范化、程序化协商与沟通的能力。因此，创新乡村治理模式，重新探讨当代中国乡村治理的内涵问题，不仅仅为当前乡村建设、农民生活条件改善提供思想理论指导，同时还在理论和实践层面丰富了国家治理体系的内容，是国家治理能力的提升在基层治理中的生动实践。

从早期的"生产发展、生活宽裕、乡风文明、村容整洁、管理民主"到党的十九大报告提出的"产业兴旺、生态宜居、乡风文明、治理有效、生活富裕"20 字总要求，从强调加强民主政治建设到美丽乡村建设，从加强党对农村工作的领导到建立健全"党委领导、政府负责、社会协同、公众参与、法治保障"的现代乡村社会治理体制，反映了我国对乡村治理的内涵和规律性认识不断加强，治理从强调经济政治建设，逐步发展为强调经济、政治、文化、社会以及生态等多方面内容，体现了我国发展战略布局从"两个文明"到"五位一体"总体布局的演进，丰富和发展了国家治理的具体内涵，推进了国家治理体系和治理能力现代化的进程。

（三）助力"两个一百年"，为中国梦的实现筑牢根基

实现中华民族伟大复兴的中国梦是以习近平同志为核心的党中央向全体人民许下的庄严承诺，中国梦不仅是全体人民共创美好生活的希望蓝图，也是国家发展的助推器。中国梦是国家梦，是民族梦，也是个人梦，是国家梦、民族梦与个人梦的统一，既需要依靠人民来实现，又必须不断为人民造福。为实现中华民族伟大复兴，在 21 世纪中叶建成富强、民主、文明、和谐、美丽的社会主义现代化强国，我们党依据现实国情，提出了"两个一百年"奋斗目标，即到建党一百年时，全面建成小康社会；到新中国成立一百年时建成富强、民主、文明、和谐、美丽的社会主义现代化强国——这是党的十八大以来习近平总书记反复强调的实现中华民族伟大

复兴中国梦的必经历程和接续性奋斗目标。在这个过程中，缩小城乡发展差距，改善农民生活水平，实现乡村振兴是破解城乡二元格局、补齐发展短板的必然之举，也是顺利实现第一个百年奋斗目标的必然选择。

中国梦的动力基础就是不断提高人民群众的幸福感和获得感。幸福感是梦想的重要内容，而获得感则是激发人民群众拼搏奋进、勇于圆梦的动力。从国家的层面来讲，中国梦的远景目标，是使每个个体价值得到尊重和认同，并为每个个体的自由充分发展提供坚实的经济支撑、有效的制度保障以及文明的社会土壤。长期以来，我国在推进乡村治理实施的过程中，坚持以提升农民生活水平为着力点，以保障农民民主政治权利为抓手，以实现乡村社会和谐有序发展为目标，做出了一系列重大创举，增进了民生福祉，提高了人民群众的获得感和认同感，为推进"两个一百年"奋斗目标、筑牢中国梦的现实根基提供了重大保障。

五　小结

从"政社合一"的人民公社体制到改革开放新时期的"乡政村治"的治理模式，再到新的历史方位下"三位一体"的多元治理模式的变化，体现了我国对乡村社会建设的规律把握不断深化、对乡村治理认识的不断提升，是对符合中国实际的乡村治理模式的有益探索。

回顾历年中央一号文件，我们可以看到，我国乡村治理模式的探索经历了一个循序渐进、逐步完善的过程，围绕构建以党的领导为依靠，以村民自治为主要形式，以实现乡村社会可持续发展为目标，逐步探索出了一条符合中国国情、适应乡村发展规律、极具中国特色的乡村治理路径，它涵盖了乡村治理主体、领导力量、治理基础、治理机制等诸多内容，构成了一套多维系统的完整体系。同时，作为中国特色社会主义国家治理体系下的基础组成部分，这一体系是一个随着时代和社会发展而不断变化的开放系统。一方面，它依据乡村社会发展的需要以及乡村社会变化的现实不断提出新的方法举措服务于乡村建设，进一步激发了乡村社会内在活力，实现了以乡村内生动力推动乡村发展的战略目标；另一方面，这一体系围绕国家治理体系的构建而展开，其指导思想、战略部署、阶段性目标也在不断发展之中走向完善，并与国家顶层制度设计形成良性联动效应。

当前，我国正处于全面建成小康社会，进而在 21 世纪中叶建成富强、民主、文明、和谐、美丽的社会主义现代化强国的关键历史时期，深化对我国乡村治理思想的认识，是以马克思主义中国化理论成果指导当代中国社会主义建设的题中应有之义，是推进国家治理能力和治理体系现代化的必要之举，也是总结历史经验，进而开创乡村治理新局面的现实要求。

参考文献

党国英，2008，《我国乡村治理改革回顾与展望》，《社会科学战线》第 12 期。

何阳、孙萍，2018，《"三治合一"乡村治理体系建设的逻辑理路》，《西南民族大学学报》（人文社会科学版）第 6 期。

黄冬娅，2010，《多管齐下的治理策略：国家建设与基层治理变迁的历史图景》，《公共行政评论》第 4 期。

秦中春，2017，《实施乡村振兴战略的意义与重点》，《新经济导刊》第 12 期。

人民出版社，2014，《中共中央国务院关于"三农"工作的一号文件汇编（1982 - 2014）》，北京：人民出版社。

萨缪尔·P. 亨廷顿，2008，《社会变化中的政治秩序》，上海：上海人民出版社。

习近平，2017，《习近平谈治国理政》（第 2 卷），北京：外文出版社。

徐勇，2009，《中国农村与农民问题前沿研究》，北京：经济科学出版社。

应松年，2014，《加快法治建设促进国家治理体系和治理能力现代化》，《中国法学》第 6 期。

袁德政、胡桐元、刘诚，1980，《试论人民公社"政社合一"的弊端——农业管理体制改革中的一个重大问题》，《农业经济丛刊》第 5 期。

郑茂刚，2007，《通过乡村善治构建和谐乡村》，《科学社会主义》第 4 期。

中共中央文献研究室，2014，《十八大以来重要文献选编》（上册），北京：中央文献出版社。

周庆智，2015，《乡村治理转型：问题及其他》，《江西师范大学学报》（哲学社会科学版）第 6 期。

责任编辑：廖艳

整体性治理与选择性回应：
地方政府政策执行偏差的一种解释

张园园[*]

摘　要： 地方政府政策执行偏差源自其政策执行行为偏好，这种偏好使地方政府对于上级政府的整体性治理诉求在政策贯彻与执行上产生选择性。本文以上下级政府间博弈关系与结构功能主义为解释框架，以 S 省教育厅为分析个案，从"动员式与常规式""指令性与计划性"两个维度与四种模式，解析地方政府的政策执行程度，梳理地方政府政策执行的影响因素，揭示地方政府政策执行偏差的发生机理，并从政策所涉的目标团体与政策纵向流变的视角，探索纠偏及整体性治理之道。

关键词： 整体性治理　地方政府　政策执行　行为偏好执行偏差

一　问题的提出

基于我国国家治理的体制结构与运行机制，从政府间的纵向维度来看，实现政府治理的系统性、整体性与协同性，既是我国国家治理的体制性要求，也是政府政策执行情况与治理绩效的最重要体现，毋庸置疑，整体性治理是我国国家治理体系与治理能力现代化的基本特征与根本诉求。在整体性治理的目标下，地方政府部门对于上级政府颁布的政策的执行程

---

* 张园园，福建师范大学公共管理学院硕士研究生，研究方向为政治发展与地方政府治理。

度，直接反映出上下级政府之间治理的系统性、整体性与协同性。换言之，地方政府部门只有不留余地、不偏不倚地全力贯彻落实上级政府政策，才能有效实现整体性治理的目标要求。

但是，从政府部门政策执行的纵向关系来看，我国央地之间、地方政府上下级之间公共政策从决策、颁布到执行并不是一个直线式、无障碍的实施过程，它往往会经历一个或几个层级的细化和再规划的过程，在这个过程中，地方政府部门往往会产生各种各样的策略性、选择性甚至偏差性行为，使政策执行效果打了折扣。首先，从治理整体性上看，我国政府之间（无论是纵向的央地之间，还是横向的地方政府之间）协调不顺畅的问题广泛存在，由此产生了地方保护主义现象。正如有学者指出的那样，我国政府组织之间协调缺失与整合不足两种问题同时存在导致大量碎片的存在（唐兴盛，2014）。地方政府不仅在数量特征上表现为大量的碎片，而且在地域和功能上彼此交叉重叠，由此产生了地方保护主义、部门利益至上主义、"孤岛"现象与"搭便车"现象。其次，从治理结构上看，我国公共政策从决策、颁布到执行的过程中由于结构、层级、信息掌控等原因而出现扭曲和变形，这种变形从宏观视角来看就是国家治理与地方治理之间的错位或碰撞。学界对此做出了不同的归纳和解释，如"正式与非正式治理转化威权体制的有效治理"（周雪光，2011），以及横向"政治锦标赛"和纵向"行政发包制"（周黎安，2014）的整合解释论，还有"统治风险分流的上下分治"和"央地分权政治约束"（曹正汉、薛斌锋、周杰浙，2014）解释论等，不一而足。这些思路对央地之间、上下级政府之间的治理结构、基本理路与内在逻辑展开了富有探索意义的某一角度的分析，为探究我国央地和上下级政府治理的整体性建构，提供了不同维度的分析框架。

总之，在我国现行的政治体制与治理结构之下，虽然整体性治理是基本目标和诉求，但是从中央到地方的政策实施不总是一以贯之、畅通无阻的，地方政府部门会因为各类因素的影响而对上级的政策进行自主的回应与变动，这种回应与变动往往基于地方自身的行为偏好，而这种偏好的发生受到各种因素的影响与制约（周国雄，2008）。因此，从微观的视角切入，探索地方政府部门政策执行偏好的影响因素，建立影响央地和地方上下级政府之间政策执行的关系模型与程序性机制，对于探索地方政府部门政策执行偏好乃至偏差的发生机理，以至推进央地和地方上下级政府之间的整体性治理体系，就具有了重要的方法论意义。

二　解释框架：科层组织纵向博弈
与结构功能主义的融合分析

上下级政府间纵向博弈关系和结构功能主义为解释地方政府政策执行提供了可行的理论分析框架。前者从科层组织上下级之间的联系、谈判、互动与行为选择的角度，为分析地方政府行为偏好的产生提供了一个"纵切面"；后者从地方政府结构和功能的视角，为分析地方政府行为偏好的产生提供了一个"横切面"。地方政府纵向博弈论视角与结构功能主义视角融合分析，不仅具有理论方法上的可资借鉴性，而且具有多维视角的综合优势。

（一）　科层组织纵向博弈论视角

博弈论作为一种正式的理论是高度模型化的理论体系，并且有很多的限定条件，我们要避免简单化、机械化的概念或理论套用现象（刘祖云，2007：79～87）。但从博弈论所揭示的一般性理论视角出发，我们可以借助科层组织上下级的博弈关系与动态的过程来分析我国上下级政府之间联系制约、谈判互动和最终的行为选择，以便更好地厘清上下级不同要素相互影响的关系，从而提高对政策纵向流变过程分析的针对性与准确性。

正在进行博弈的双方会受到以下几个因素的影响。①科层组织下的谈判。与市场中的谈判不同，科层背景下的谈判有其特殊性。具体在于：在市场中，谈判双方是自由的，没有定向的职责限制；而在科层背景下，各部门由科层系统链接在一起，通过组织的正式权威下达命令。②信息。在谈判双方信息都完备的情况下，谈判双方往往指望达到对双方来说都较好的结果，但是问题在于谈判双方通常存在信息不对称的情况，掌握信息较多的一方往往在博弈中获得较大的利益。在我国，央地和地方政府上下级之间的信息不对称是常态，常常是地方和下级政府掌握着契合本地的一手信息，这为地方和下级政府的政策选择增添了筹码。③时间压力。博弈论认为，耐心程度是谈判方的重要能力，亦即在谈判过程中，较为耐心的一方会获得更大的份额，无法忍受的一方因为没有足够的耐心而被迫妥协。在我国，对地方政府的检查往往是自上而下规定的，如果地方政府没有及时完成某项类别的任务去拖延就会造成比较严重的后果。④可信性承诺。在谈判过程中，如果一方可以做出可信性承诺或者威胁，那么他的谈判筹码就会更大。我国中央的政策颁布通常会选择两种主要方式：一是动员式；二是常规式。一般来说，如果上级政府采用动员的实施方式，那么他的可信性承诺或威胁就会高。

（二）结构功能主义视角

结构功能主义即社会是具有一定的结构或组织化手段系统，社会的各个组成部分以有序的方式相互关联，并对社会整体发挥必要的功能。整体是以平衡的状态而存在，任何部分的变化最终都会趋于新的平衡（周怡，2000：55~56）。它具有以下几个特征。①结构。处于宏观环境中的地方政府可以被看作某一特定的结构，他处于社会的大环境中，与上级这个结构互动的同时也与其他社会阶层相关联。②需求。社会要得到延续就必须满足他的个体需求，这就使作为个体出现的地方政府或者其他利益组织拥有其特殊的利益需求，不同的需求会导致不同的行为偏好，展现出不同的执行效果。③整体与协调。与生物机体类似，社会具有一定的整体性，系统中的各个部分只有达到良性的协调才能维持整体的运行。为了使政策有效执行，地方政府需要协调好各个结构中的机理，在这一过程中可能会做出一部分的政策调整，这样的调整是地方政府对整体的协调和变通的结果。我们以地方政府为例，展示其在机体中的状态。

地方政府是整个社会系统中的某一部分，其发展的好坏也影响着整个机体的发展与运行。在一个机体中，地方政府不仅会受到一些显性因素的影响，例如媒体的报道等，而且会受到隐性因素的影响，例如某一期间的政治走向以及舆论压力等。从组织结构上看，地方政府受制于双重关系：第一，在横向上，它接受同级政府的管辖，即"块块关系"；第二，在纵向上，它接受上级职能部门的领导，即"条条关系"。

（三）融合分析的可行性和优势

两种视角源于不同的学科门类，前者即博弈论视角侧重动态的互动视角，通过其变量的改变从而更好地量化分析地方政府行为的模式与偏差程度，后者即结构功能主义视角则更侧重结构中各类要素的影响，当然它也包含前者的要素，通过其影响要素的组合变化而系统分析地方政府的最终执行情况。

选择二者融合分析可以更加立体与直观地了解到在整体性治理的大背景下，各类别层面所可能导致的政策性偏差，即包含科层体制下的纵向博弈与横向上作为系统的各类要素的影响。二者的混合性视角不仅可以更加全面地分析在政策执行过程中整体性所流失的可能性因素，从而试图寻找实现有效整体性治理的路径与方法；同时纵向与横向的融合形成了一个全新的较为立体的视角，更加具有动态性和可视性，它既不拘泥于传统的模型也克服了平面化叙述的缺陷，使我们的分析更加具有理论上的合理性。由于其立体性的特点，更加需要时间性和程序性的梳理，否则就会变成一团"乱麻"，所以本文的分析具有明显的时间节点性特征，为了方便读者了解视角的具体使用，我们会在案例部分的图示中标明研究视角。

三　案例引入：地方政府政策执行过程与因素分析

　　整体性治理的有效性重点体现在地方政府的实际执行情况上，而地方政府的实际执行情况一般都发生在具体的组织案例中，并且会受到多方因素的影响，这些因素极大地影响了整体性治理的情况。为了更加直观地了解整体性治理的流失程度，我们以 S 省教育厅的情况为例，分析与讨论在其为了实现整体性治理的体制环境中，因为多重因素的影响，其最终执行情况的一种解释。我们提出地方政府政策执行的过程模型与最终的行为偏好。建立这一模型与最终的行为偏好的主要任务如下：第一，通过案例描述这一具体过程的时间序列，明确在科层背景下，政策从颁布到最终实施情况的程序性过程；第二，在组织背景下，了解各方在行为实施与准备实施过程中所采用的方法与态度；第三，讨论与分析某种行为得以实施的条件，以及实施过程中的影响因素、影响程度；第四，展开合理的分类分析，举一反三，总结普遍性的验证过程；第五，在其基础上，提出一般性的假设并结合案例进行验证。

（一）案例引入

　　"中西部地区招生协作计划"是自 2008 年起教育部为促进教育公平所开展的专项的省际协调与平衡的政策性活动。S 省作为教育大省，常常被冠以全国最高教育水准的省份。该省共计有 13 所 211 与 985 院校，其依托突出的教育资源与独特的教育环境成为教育生源输入大省。2016 年 S 省等省份在上年常规跨省生源计划和 2016 年协作计划的基础上，进一步增加面向中西部省区的生源计划，教育部、国家发改委印发了《关于做好 2016 年普通高等教育招生计划编制和管理工作的通知》，即对 S 省提出上级的任务要求。S 省等 12 个省份将让出共计 16 万个高考名额给中西部省区的学生。S 省家长表示,该省共计才 30 多万人参加高考,让出的高考名额必将侵占本省高三学生的升学机会。

2016 年 4 月,S 省多地调出高考招生计划支援中西部地区一事引发关注。部分家长担心这会致使省内高校的招生计划减少、高考录取率下降。2016 年 4 月 26 日,S 省教育厅、多个市教育局被家长围得水泄不通。当日,S 省教育厅门口道路封停。媒体报道、朋友圈转发,将"高考减招"事件推向高潮。2016 年 5 月 10 日,百度搜索"S 省高考"13000 多条。

发展西部经济,教育是第一步。协调中西部生源是 2008 年以来教育部重点开展的工作。统筹全国教育工作,使教育公平、教育协调发展是教育部的主要职责之一。面对各有利益、碎片化的地方教育部门,教育部多采用整体把握、宏观调控、有序发展、资源优化的处理方式。

在本案例中,可以粗略地看出这样的一个互动过程(见图 1)。希望采用整体性治理的教育部与国家发改委将"生源调配"的任务下放给 S 省教育厅。调整中的目标群体与新闻媒体是 S 省教育厅最大的压力来源。当然 S 省横向所受到的影响是多重的,但是根据案例的描述,我们把两项重点因素表示出来。在本案例中除了科层组织的纵向博弈外,组织背景下的四个利益主体分别为:教育部与国家发改委、新闻媒体、调整中的目标群体。

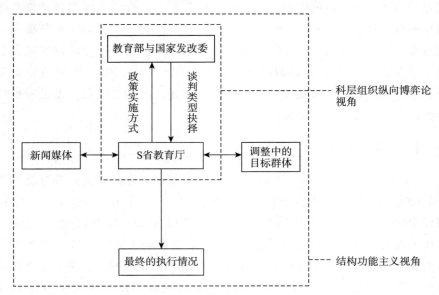

图 1　案例的互动过程

（二）上级到下级的政策颁布形式与"偏差"发生范围

整体性治理不仅在部门碎片化的处理上发挥作用，也是上级面对拥有信息优势的下级所采用的保证政策完备运行的工具。该工具主要有两种操作形式。一是指令性计划，也称为命令型计划，是指由上级单位按隶属关系下达，要求执行计划的单位和个人必须完成的计划；它的表现形式往往是数据；采用这种政策颁布形式的上级可以直接通过数据性的事项进行直接判断，及时发现下级部门产生的偏差并进行纠正，因而这种政策颁布形式对于下级造成的压力就会很大。二是指导性计划，是指社会主义国家下达给部门、地方和企业参照执行并运用经济杠杆来保证实施的计划。它往往代表了一种指导性的行为倾向，由于技术或者任务颁布的抽象性，上级很难进行直接性的控制，所以相对于指令性计划来说，指导性计划更具有可偏差的幅度。

另外，根据上级部门向下级部门发送其可信性承诺或威胁的信号，将它分为常规式和动员式两种。所谓常规式，就是指上级已经通过一定的规则和程序建立了常态化机制；而动员式是指上级发送了较强的可信性承诺或者威胁的信号，时刻关注着下级的执行情况，并投入了大量的资源和精力。

一般来说，中央发布常规式的指导性政策，例如发布文件要建设某地国家三级经济技术开发区发展以汽车、光伏、纺织为主导的产业。指导性政策采取常规式的执行方式，地方政府在政策方面所受的压力较弱。但是较弱的政策压力并不代表地方政府的执行力度就小。反之，如果特别符合本省的利益，又受到政治锦标赛影响的话，地方政府反而会释放出极大的活力。不管是常规式还是动员式的政策，对于地方政府部门来说，他的政策压力都是很强的。若是双方互动作用，那么政策压力就会有超强的效果（见表1）。

表1　政策压力强弱识别与偏差程度范围

模式选择	常规式	动员式
指令性政策	强（偏差纵向流变较小）	超强（几乎无偏差）
指导性政策	弱（偏差纵向流变较大）	强（偏差纵向流变较小）

这里的强弱是相对的概念，强弱本身对地方政府部门即政策执行偏差有一定的影响，政策颁布形式越强，上级在控制方面的能力就越强，因此纠偏的能力也会提高，从而下级出现偏差的概率和程度就会降低。超强、强和弱的不同压力不仅会影响偏差的程度，也会影响下级政府的谈判方式，因为通过各类方式的谈判与协商在柔性上也可以实现纠偏，从而达到整体性治理的效果。在本案例中，国家发改委和教育部直接下放要求——"让出"16万个名额给中西部等地，它属于指令性的政策类型；同样，中央对于发展中西部、开发中西部的总规划是注入精力和时间的，所以它是动员性的，是每个地区都应当积极参与的。因此，在政策压力识别表中它就是最强的一项，而地方在实际执行过程中，它的偏差幅度与范围应当是最小的那一部分。

（三）柔性纠偏——地方政府是否谈判的博弈抉择

在接收上级政策的同时，下级会根据自己的实际情况进行柔性纠偏，也就是与上级进行谈判达成政策共识，从源头上调整政策幅度进而减小偏差发生程度。而S省在接收了这样一份超强的政策压力下的文件后，一般情况下是不会与上级进行谈判博弈的，因而就无柔性纠偏这一说法，实际情况也是如此。但上级并不总是颁布超强型的政策，也有一些商量的余地，我们对表2划分出的强、超强与弱的类别进行了是否会进行正式谈判和非正式谈判的模式选择。

表2 "讨价还价"模式选择

政策压力	超强	强	弱
正式谈判	否	否	是
非正式谈判	否	是	是

谈判有两种形式——正式谈判与非正式谈判，二者的主要区别在于正式谈判属于一次性的博弈，基本上被驳回后就没有谈判的空间，地方政府会选择正式谈判方式往往是在比较有谈判把握和来自上级的压力比较小的时候；而非正式谈判有多方的迂回空间，地方政府部门可以多次出价，进行谈判，这种谈判形式由上下级之间的非正式沟通渠道所决定，如果上下级之间的政府"条条"关系比较紧密，利益目标又比较一致，那么采用这种非正式沟通渠道的可能性就会很大。

在政策压力超强的情况下，如就本案例中 S 省教育厅所面临的这一情况而言，其不会选择通过正式或者非正式的渠道与上级进行谈判，实际调查过程中也确实如此；但是在政策压力较弱时，即在常规式和指导性的政策出现时，地方政府在遇到与实际情况极不符的政策时会选择与上级的正式渠道的沟通。根据我们的田野调查，在整体性治理的大背景下，不管是动员式的还是指令性的方式，地方政府部门基本不会选择正式的同上级沟通的方式，时常会选择非正式的沟通方式。正式和非正式谈判两种方式都可以在一定程度上进行纠偏，此处对正式谈判和非正式谈判的探讨一方面是对下级纠偏方式的陈述，另一方面是为了保证上下级博弈互动过程的整体性。

（四）　地方政府的执行偏好

偏差的发生一方面是在纵向体制上的整体性的流失，另一方面便是和多方的互动所产生的执行偏好从而导致执行偏差。在本案例中可以汲取两个重要的影响因素，即两个目标诉求相互对立的因素：一个是教育部与国家发改委的政策压力；另一个是此次风波中的家长和高考学生以及舆论的压力。但是在这两个因素下，我们同样不能忽略 S 省整体教育利益。根据实际案例，我们将地方政府所受影响的压力来源和压力所对应的行为偏好呈现在表 3 中。

表 3　因素行为强度对应地方政府行为偏好识别

影响因素的压力	地方政府的对应行为偏好
教育部与国家发改委的政策压力	按照政策要求执行
此次风波中的家长和高考学生以及舆论的压力	满足本省家长和舆论需要——不按照政策要求执行
省级整体教育利益	按照本省利益处理

根据影响因素间的互动作用，可以将影响因素分为三个类别：制衡性因素、决定性因素和偏好性因素。

制衡性因素：压力双方可以形成制衡性的影响的因素，共同作用与影响政府的行为。制衡性因素往往是多个压力的类别形成一种类似于零和博弈的模式，即如果某一项政策是最终行为模式，满足了影响因素 A 类别的要求，就一定会损害影响因素 B 类别的要求，那么此时的 A、B 就成了相互制衡的因素。当然，制衡因素不仅有 A 对应 B 这一种模式，也有 A、B 对应 C 这样的情况发生，要根据实际情况进行分析。在这样的制衡性因素中涉及一个强与弱的问题，即如果制衡双方中某一方的压力更为强大，那么地方政府行为就会更加偏好于强的这一方所对应的行为模式；如果制衡双方压力都很大，那么处于压力状态下的地方政府就会采用某种中庸的方式执行政策。

决定性因素：某项因素对于地方政府行为具有决定性的影响，并且没有可以与之抗衡的制衡性因素。在决定性因素中，我们不将具有制衡对象的因素归结在此项类别中，由于失去制衡对象，所以其压力的释放所对应的政府偏好往往会成为最终的行为模式。在一般的模式下，如果没有可以与其抗衡的对象，那么在上文所说的超强的政策（动员式和指令性）背景下，一般所对应的政府行为就是按照政策的要求做出。在很多情况下，地方政府的能力不足也往往成为决定性因素。

偏好性因素：该项类别的因素决定了地方政府的执行偏好，这种偏好最为常见的表现形式就是某项政策对于地方政府的个体利益符合程度，偏向性因素的影响程度往往较低，表明了地方政府的执行偏好。

在本案例中，具体的因素分类如下。

决定性因素：教育部与国家发改委下放政策本是最强的方式，应当成为决定性的方式，但是在实际过程中，执行遇到与其制衡的因素——此次风波中的家长和高考学生，并且形成了群体性事件，那么在本案例中就没有决定性因素，归结到制衡性因素中。

制衡性因素：制衡双方即教育部、国家发改委的政策要求，即调拨政策要求中的高考名额给中西部省区与形成群体性事件的 S 省的家长和高考学生，要求保护本省学生利益即不按照政策要求执行，形成制衡。制衡双方不分上下，但由于是强动员性和指令性政策，显然教育部和国家发改委的强度更大一些。

偏好性因素：在真正执行的过程中，S 省教育厅更加偏向于按照本省的利益去执行。

（五）地方政府最终的执行偏差情况

将各种影响因素分类之后，就可以得出相应的结论，一般情况下有六种类别（见表 4）。

表 4　因素类别所对应的地方政府行为方式

因素类别	行为方式
制衡性因素	1. 制衡过程中较强一方的偏好作为最终行为模式抉择 2. 制衡双方都强的"中庸"行为模式
决定性因素	按照决定性因素中所对应的政府行为
制衡性因素 + 偏好性因素	1. 制衡过程中较强一方的偏好作为最终行为模式抉择，但是执行时有偏好（偏强一方或偏弱一方） 2. 制衡双方都强的"中庸"行为模式，但是执行时有偏好
决定性因素 + 制衡性因素	按照决定性因素中所对应的政府行为，但是会受到制衡性因素的影响
决定性因素 + 偏好性因素	按照决定性因素中所对应的政府行为，但是执行时会有偏好
决定性因素 + 制衡性因素 + 偏好性因素	按照决定性因素中所对应的政府行为，也会考虑制衡性因素的影响，但是执行时会有偏好

在本案例中，发挥作用的是制衡性因素和偏好性因素，那么最终地方政府的抉择就是，基本满足教育部和国家发改委的要求，偏向按照自己本省的利益去执行。

最终真实的执行结果：S 省承担国家专项计划 66450 个，比 2015 年增加 26350 个。其中本科 29950 个，比 2015 年增加 9350 个；专科 36500 个，比 2015 年增加 17000 个。显然，在增加的 26350 个名额中，仅有 9350 个留给了本科，绝大多数名额在专科一类。从政策执行情况上说，S 省完成了政策上的任务要求，但是没有真正实现教育部所注入的"整体性治理"的思想。教育部对该项任务所投入的注意力与释放的权威性信号已经达到最强，理应达到整体性治理的最优效果。偏差的产生与上级的压力大小并不相关。"运动式治理"（周雪光，2011）在本案例中出现了悖论，偏差的流变是多个组织功能的极大发挥。选择性回应是"运动式治理"与"闹大逻辑"（韩志明，2012）的理论碰撞，是多重力量协商的结果，是压力下的制衡行为。地方的利益诉求使 S 省对事态发展不予过度压制，即满足本研究所提出的模型。

四　结论与启示

政府政策执行的具体情况是考察国家实行整体性治理的有效路径，也是一个具体的操作过程，从结构功能主义以及博弈论视角去观察和描述这一系统性的行为，可以更好地帮助我们理解地方政府会受到哪些因素的影响，以及会有怎样的执行偏好，这些执行偏好最终会体现在实际的执行状态中；同时，通过这些模型，我们也可以更好地区分中央政府动员式和常规式的政策颁布方式以及指令性政策和指导性政策同其的互动作用，以及这些互动作用所引起的政策颁布的强弱状态对地方政府行为的影响，并结合具体案例，观察地方政府在实际执行过程中的偏好。本文的案例研究不是为了证实本文所提出的理论观点，而是为了帮助我们更好地思考、概括和提炼有关理论概念的分析，希望可以通过这一过程性的思路加大对政府运作过程以及政府行为的分析力度，这有助于产生从政府政策颁布到执行的分析概念、研究问题以及理论思路方面的共享知识，还有助于这一领域中的知识积累。同时我们也希望，这一过程的实证意义可以在之后的研究工作中通过更多具体系统的资料加以验证。

我们在研究的过程中发现，实现国家的整体性治理，要先解决体制和机制上的"不通畅"问题。具体措施如下：首先，缩减纵向体制间政策"颁布"到"执行"的链条；其次，缩短目标群体"表达"到执行机构"执行"的距离；最后，形成"表达"、"颁布"、"执行"和"反馈"的互相作用的系统。

（一）缩减纵向体制间政策"颁布"到"执行"的链条

本文分析的主要内容在于纵向政府间的关系，动态反映了从中央到地方执行机构执行的整体压力和地方政府的行为模式。我国政府部门之间实际上存在"上下对口，左右对齐"的情况，中央—省直—地市—区县—乡镇（街道），强力指标性政策层层递增。在这种纵向体制之下，中央要想达到既定的目标，不仅要收集全面的信息，也要考虑到纵向体制的影响，以及影响最后执行情况的各种藏于体制之内的因素，这些被忽略的因素往往会成为影响最终行为的强力条件。由于我国实际在执行的时候常常仅有最后一个层级在执行，而上面的几个层级都处于"督促"的状态，要达到比较好的执行效果，除了减少层级结构的硬性办法外，软性沟通也显得尤为重要。具体措施有以下两点。第一，建立中央与地方即"颁布"到"执行"的直接沟通渠道。拥有相对稳定的中央与地方的正式与非正式沟通渠道，中央不仅可以收集到更加完备的信息，也更加了解下级的实际情况以做好部署与安排，地方政府部门在执行时才会更加准确与积极地完成政策要求。第二，形成中央与地方政府间的正式沟通渠道的互动机制。中央到省直再到地市区县往往是层级向下的关系，没有形成每一层级的互动，而这种互动性的培养，必然会使"颁布"到"执行"的顺畅程度进一步提升。

（二）缩短目标群体"表达"到执行机构"执行"的距离

在我国，目标群体想正式表达利益诉求往往要经过整个流程，所以在目标群体受到政策影响时，往往只会通过一些非正式的方式去表达个人意见，比如集会和网上发表言论，这不仅会影响执行机构的执行情况，而且不利于整体性的团结，使政策执行效果适得其反，那么加强目标群体与执行机构的沟通，缩短目标群体"表达"到执行机构"执行"的距离就显得尤为必要。具体措施有以下两点。第一，推动目标群体与执行机构的正式沟通渠道的建立。目标群体作为执行机构的直接作用对象，执行机构的行为理应符合目标群体的要求，在实际执行时，所出现的冲突就要进行妥善的处理，加强目标群体与执行机构的对话，可以让执行机构真实了解政策的实际执行情况，更加了解目标群体的利益诉求，缓解矛盾和冲突。第二，强化社会治理，让目标群体成为社会政策执行者。党的十九大报告明确指出，"加强社区治理体系建设，推动社会治理重心向下移，发挥社会组织的作用，实现政府治理和社会调节、居民良性互动"。实现社会治理就是实现社会的自主自治，那么置于社会之中的目标群体也可以成为执行中的一员，此时的"表达"也成了"执行"，而目标群体切实了解自身的情况，往往可以对症下药；但是同时政府要建立监督机制，防止仅为个体谋私利的情况出现。

（三）形成"表达"、"颁布"、"执行"和"反馈"的相互作用的系统

在一般的政策执行思路里，政策的实施通常都是"表达"、"颁布"、"执行"和"反馈"四个程序性的系统，一个项目阶段性完成后才会有下一个项目的开展；但是在政策实际执行过程中，由于政策环境的变化，政策的时效性以及政策信息初始阶段了解不全面等问题，使政策在实施的过程中会遇到需要改变实际执行情况的事情。例如，某项情况被表达提出，而且已经提上了政策议程，经过审核与审议，同意实施，但是其中经过了一个很长的周期，在这个周期中可能会出现经济技术的发展变化或者阶段性特征的改变，那么在实际执行过程中，就会出现与现在的"表达"意志

不相符的情况，此时就要依据实际情况进行相应的调整；但是整体的调整返回去，即进行新一轮的"表达"、"颁布"、"执行"和"反馈"，会极大地消耗资源和时间，此时如果建立起"反馈"、"颁布"与"执行"的互通机制，随时按照变化进行灵活的变更，将极大地提高工作效率，提高公民的满意度。而真正要形成"表达"、"颁布"、"执行"和"反馈"四个系统的相互作用，从根本上说，具体措施就是实现好国家治理、政府治理、社会治理的有机协调与有机整合，充分释放公民社会的活力，实现多元、高效治理。

参考文献

曹正汉、薛斌锋、周杰浙，2014，《中国地方分权的政治约束——基于地铁项目审批制度的论证》，《社会学研究》第 3 期。

刘祖云，2007，《政府间关系：合作博弈与府际治理》，《学海》第 1 期。

韩志明，2012，《利益表达、资源动员与议程设置——对于"闹大"现象的描述性分析》，《公共管理学报》第 2 期。

唐兴盛，2014，《政府"碎片化"：问题、根源与治理路径》，《北京行政学院学报》第 5 期。

周国雄，2008，《博弈：公共政策执行力与利益主体》，上海：华东师范大学出版社。

周黎安，2014，《行政发包制》，《社会》第 6 期。

周雪光，2011，《权威体制与有效治理：当代中国国家治理的制度逻辑》，《开放时代》第 10 期。

周怡，2000，《社会结构：由"形构"到"解构"——结构功能主义、结构主义和后结构主义理论之走向》，《社会学研究》第 3 期。

朱光磊、张志红，2005，《"职责同构"批判》，《北京大学学报》（哲学社会科学版）第 1 期。

责任编辑：胡赣栋

行动者视角下的城管执法政策研究[*]

——以 ZJ 城管为研究对象

刘　升[**]

摘　要： 本文从不同社会行动者的视角出发，探讨他们是如何应对城管法规的实施过程及其影响的。城管、小贩、群众、政府、公安等这些看似被动的政策执行者和政策接受者，在政策执行过程中，作为理性人，他们实际上都能够根据自身的情况和拥有的资源而有针对性地辨别困境、生产知识、寻找资源，从而采取一系列应对措施，且这些应对措施往往也是动态和变化的。

关键词： 行动者　政策　城管　应对

一　文献综述和问题提出

1992 年 8 月 1 日国务院颁布《城市市容和环境卫生管理条例》（国务院令第 101 号），该条例第一次以国家法规的名义规定"城市人民政府应当把城市市容和环境卫生事业纳入国民经济和社会发展计划，并组织实施"。无照摆摊第一次作为全国性的违法问题出现。而 1997 年 5 月北京宣

---

* 本文系贵州省社科规划课题"贵州精准扶贫的实践机制研究"（18GZQN32）和贵州大学文科重点学科重大科研项目"县级政府治理能力及其评价研究"（GDZT 201709）的阶段性研究成果。
** 刘升，男，博士，贵州大学公共管理学院副教授，研究方向为基层治理、社会转型。

武区城管监察大队成立，意味着专业应对小贩的城管队伍产生。2003 年 1 月 6 日由国务院颁布的《无照经营查处取缔办法》再次以"无照经营"的名义将小贩作为执法对象，以加强执法依据。在这个过程中，各地政府又先后出台了很多将小贩作为执法对象的配套性法规政策，并大力发展作为执法主体的城管队伍。到 2013 年，全国 656 个城市中已有 621 个实施了相对集中行政处罚权制度，占城市总数的 95%（毛立军，2013）。而随着城管职能的不断增加、队伍的壮大（中编办认为全国城管有 200 万人），城管已成为除公安之外的最大执法力量。

但近年来，城管执法中的暴力执法、钓鱼执法、报复性执法等非正规执法方式让城管陷入"执法困境"。在这种背景下，学术界对城管群体和城管的执法方式、执法政策等展开了广泛研究。根据中国知网数据库统计，到 2016 年，仅关于"城管"的博硕士论文已有 100 余篇，而其他与城管相关的期刊文章则有数千篇之多，网络上关于城管的报道更是不计其数。在这些相关研究中，以学科门类进行划分，其中法学的相关研究最多，公共管理学、社会学等学科也都有所介入。

（一）法学视角下的法规制度研究

城管作为一个执法机构，其执法问题首先成为一个法学问题，受到法学界的广泛关注。而在法学视角下，城管执法中出现的问题往往被主要归因于立法。既有法学观点主要可以分成三种。

第一种观点认为，城管所执行的"禁止摆摊"的法规本身就不合理，从而导致基层城管面临执法困境。如蔡克蒙通过比较研究的方式，从立法角度出发，在考察美国、新加坡、印度等国的城市摊贩管理制度后认为，"禁止摆摊"的政府立场违背了民间现实需求，所以城管自然难以执行，因此建议用"街头摊贩登记制度"取代目前城管采用的"完全禁止"制度（蔡克蒙，2010）。何兵也持相同看法，他从法学视角认为法律政策本身将无照摊贩宣布为违法就是一种失当，而正是这种失当导致了城管乱象产生，因此，他认为应该采用合法化摊贩的方式进行治理（何兵，2008）。在这种观点看来，是目前法规本身的失误导致城管执法的困境，而只要改变目前"禁止摆摊"的政策就可以解决问题。但实际上，根据笔者在全国各地对城管的调研，即便是给无照摊贩设置了合理疏导区，城管还是会面临摊贩不遵守该怎么办的问题。也就是说，在目前的社会环境下，城管面临的无照摊贩很多是"不遵从任何秩序"，而不仅是"不遵从禁止摆摊秩序"。所以即便是允许摊贩摆摊，实际上城管执法人员还是会面临困境。例如，北京 ZJ 城管执法队也曾经尝试设立小贩疏导点，但实施之后发现效果有限，因为仍然存在大量不愿去疏导点的小贩。

第二种观点认为，既有城管法规不健全，导致城管执法中权力不足。如宋功德从城管强制权力的合法性入手分析，认为城管自身的强制权缺少法律支撑，而目前各地政府普遍通过给城管强制权授权的方式或挪用其他部门强制权的方式解决这个问题，但这些方式仍然存有很多问题。因此，在对当时即将出台的《中华人民共和国行政强制法》予以厚望的同时，他还提出要重视地方性法规对城管执法的具体影响（宋功德，2010）。对此，李利军也认为，面对城管强制权合不合法的争论，应该从法律上授予城管强制权（李利军，2009）。在这种观点看来，主要是城管缺少强制权使城管权力不足而导致城管"执法困境"。根据笔者调研，尽管目前城管确实存在权力不足的问题，但很多时候并不是城管没有权力的问题，而是城管有权却因种种现实原因不敢用或不能用的问题。

第三种观点是从城管执法的职责界定标准模糊来看城管法规的界定不清，认为城管执法的职能权限尚未得到科学、明确的界定，城管执法的边界不清晰，以至于城管缺乏系统的、科学的法律规定，导致城管与原管理部门存在大量职责交叉和多头执法问题，城管职责多但职权单一才导致其无法有效执法，因此解决措施也应该是科学划定城管的职责与职权（马怀德、车克欣，2008）。这种说法自然也有道理，但其实面临和上面同样的问题，那就是城管即便有了权力也未必敢用，而不仅仅是城管没有权力的问题。

目前法学界已经对城管执法进行了比较多的研究，也取得了较多成果，但可以看出，法学视角的研究通常是一种文本指导下"应然"的理解，是一种指导性的看法和一种理论上的结果，这些对城管执法的看法和理解通常并不是来自现实的执法经验，而主要是来自理论。所以，这些观点最主要的问题是脱离实际。例如将无照摊贩合法化的问题，既有研究大多认为城管或者某些政府部门出于本部门私利而故意不愿意将无照摊贩合法化，以此谋取一些非法的利益，因此只要将无照摊贩合法化就可以顺利解决目前城管执法中遇到的问题；但他们对我国的无照摊贩是否愿意进入政府划定的区域、时段进行有照经营却缺少了解，同时对这些无照摊贩能否被政府"招安"不予考虑①，而只是僵硬地套用西方经验或者理论指导来看问题，自然有所片面。而我国城管队伍从 1997 年批准成立以来，已经经过了 20 多年的发展，其间中央政府出台了大量的法规政策，各种地方性的法规政策更是层出不穷，但并没有非常明显的迹象表明城管执法困境的好转，城管的各种钓鱼执法、暴力执法和暴力抗法等仍然时有发生。由此也可以看出，仅仅通过法学在法规层面的研究显然不够。

（二）公共管理学视角下的自由裁量权研究

不同于法学将城管的问题归结为源头的法规层面，在公共管理学视角下，城管的问题主要被归结为执法层面，而基层城管人员作为执法主力，他们也理所当然地成为公共管理学分析的主要对象。在公共管理学视角下，具体从事基层执法的城管人员被称为"街头官僚"②，因此，在公共管理学视角下，城管执法中的问题主要被归结为"街头官僚"的自由裁量权使用问题。在这方面，陈那波、卢施羽做了较好的研究，他们通过对街头城管的自由裁量行为的研究发现，基层城管执法人员利用手中掌握的自由裁量权，根据不同场景而采取从"帮扶"到"罚款"等策略，分别导致了相安无事、捉迷藏、按章处理或暴力冲突 4 种结果（陈那波、卢施羽，2013）。但陈那波、卢施羽的研究虽然指出和分析了城管人员会根据不同场景而"做什么"和"为什么能这么做"，但遗憾在于：第一，他们并没有具体分析基层城管人员"为什么这么做"，也就是没有分析城管产生这些不同行为的内在机制；第二，他们将城管这么做的原因只是单一地理解为"自由裁量权"，这只能说明城管有这个能力，却难以说明城管有这个意愿，毕竟城管的一些行为还是存在滥用自由裁量权的风险。

而在公共管理学的既有研究中，因为通常将城管执法的问题归结于基

---

① 笔者在北京、武汉、贵阳的调研发现，合法化也难以解决无照摊贩问题。第一，一旦合法化，就意味着大量摊贩在一个固定地点集中，那摊贩的稀缺性和收入就降低，所以还是有很多无照摊贩会拒绝这种合法化，他们宁愿在路边摆摊，也不愿意去政府划定的合法区；第二，大量的兼职无照摊贩难以合法化，摆摊并非这些无照摊贩的职业，而是有空就摆，这些人同样难以治理；第三，合法化的摆摊位置问题，由于区位的排他性问题，谁占有优越区位谁的生意就好，但谁都想占有好区位，那些没办法占有好区位的摊贩自然不愿意被治理，于是只能继续去打游击。

② 在西方，"街头官僚"往往指的是有正式公务员身份的人员，而在我国，即便是大部分城市的正式人员也只是事业编制或者参公人员身份，仅有像北京这样少数几个城市的城管才有公务员身份，但国内研究仍将他们称为"街头官僚"。

层执法人员身上，也就是"街头官僚"身上，所以通常认为"街头官僚"素质低下、滥用自由裁量权等才导致了城管执法的问题。因此，其对整治街头执法所提出的建议也主要集中在加强对"街头官僚"自由裁量权的监督和提高"街头官僚"素质等方面。

（三）社会学视角下的社会结构研究

相对于法学和公共管理学这两个比较传统的视角，社会学视角应该说是一个比较新的分析视角。其中，陈柏峰从法律社会学视角切入，以北京基层城管人员根据自身执法经历所写的《城管来了》这本书为分析对象，将城管的执法冲突归结为执法矛盾向城管集中、政府行政决策风险向城管转移、执法受益者是"沉默的大多数"等原因（陈柏峰，2013）。吕德文从政府内部视角入手，认为城管承担了很多看似不重要却又是政府必须承担的非常规、非专业的职能，从而导致城管机构陷入一种资源不足却拥有一定自由裁量权的地步（吕德文，2016）。刘升则从动态视角入手，以一个城管在街头遇到执法困境为分析对象，分析城管执法中遇到困难最终被迫与相对人进行"合谋"的情况，从而得出国家、市场和社会的压力是导致城管执法困境的重要原因（刘升，2016）。

除此之外，还有一些其他视角的分析研究。如彭华新从传媒视角分析城管形成目前这种人人喊打局面的原因，认为是某些"城管事件"契合了当代媒介的嗜好才导致城管新闻暴增（彭华新，2014），使城管在新闻媒体的放大下成为社会的焦点。刘磊的研究则从政治学视角切入，认为当前城管执法中出现的困境主要是由于执法受到了政治的影响（刘磊，2015）。

总之，虽然目前关于城管的新闻报道很多，学术研究也不算少，但绝大部分研究仍存在"过度注重片段的现象"和"缺少经验的理论"的问题，从而加剧研究的同质化。而导致这种问题的主要原因在于，研究者多是从城管外部或仅从城管一个部门来看城管执法，这种"外部"和"单一"视角容易将城管执法中出现的一些行为看作独立的行为，或者将整个城管体系看作一个整体，或者将城管看作一个个孤零零的执法者，这些看法实际上都将城管执法简单化。归根结底，这种立足"外部"的研究实际上仍然站在我国是"全能主义"国家的视角来看城管执法。在"全能主义"视角下，研究的前提通常是国家可以为所欲为，而城管作为国家代理人，可以想怎么做就怎么做，如果没有做好，自然主要从执法者身上找原因，甚至将其直接归因为执法者的能力和素质问题。但实际上，目前城管执法已经不具备"全能主义"国家这个前提。第一，我国社会治理早已进入"后全能主义"时代，作为国家代理人的基层城管要受到社会舆论和相对人报复等很多外部力量的制约，并不是想怎么做就怎么做。第二，政府内部并不是铁板一块，也要受到各种规章制度的约束，城管尽管属于政府部门，但在政府内部不同部门间的协调成本也非常高，因此其执法也就越来越受到制约。可见，既有研究因为缺乏"内部"视角，往往忽略了执法者实际上处于一个具体而复杂的国家和社会结构中，从而在强调执法者的同时忽略了社会制度、社会组织结构、社会文化等对执法者的影响，这都导致既有研究视角和研究观点的不足。

相对而言，本文从基层经验出发，通过大量一线调研，重点从不同行动者的视角出发探讨城管街头执法，从城管执法过程中的各相关行动者的视角切入，通过他们在政策执行中的辨别困境、生产知识、寻找资源的过程来分析法规政策的执行情况和真实的运作情况，希望通过这种多视角的研究来深入阐释城市基层治理中的政策执行问题。

本文以北京 ZJ 城管①为研究对象，笔者从 2015 年 4 月开始，先后在北京 ZJ 城管执法队所在的市城管局、区城管局和 ZJ 城管执法队驻队调研 5 个多月，在搜集各种公文、汇报资料、统计数据的基础上，还对上百名相关政府人员、城管人员、小贩、公安人员、法院人员等进行了深度访谈。ZJ 城管执法队所辖区域位于北京市中心，面积近 7 平方公里，人员构成复杂，流动人口多，治理难度较大；ZJ 城管执法队有正式城管人员 40 人，协勤 31 人，保安 42 人，执法车 8 辆，执法力量较强。

二　城管对相关执法政策的回应

城管作为国家代理人，是相关法规政策的执行主体，本应按照"有法必依，执法必严，违法必究"的执法政策要求而严格执法，但实际上，由于城管的相关法规政策在现实中往往遇到很多抵制和困境，所以城管多采用选择性执行法规政策的方式。

城管的选择性执行法规政策指的是城管既不会完全意义上执行既有的法规政策，也不会完全不执行法规政策，而是会选择性执行法规。如在一些重点时间、重点路段，城管会严格执法，而在一些相对偏僻的老旧社区

① 出于学术原则，本文中的人名、地名等都采用匿名化处理方式。

等地方，城管执行政策会相对宽松；对那些外地来的小贩严格执法，而对那些确实有困难的老弱病残小贩则"睁一只眼闭一只眼"；对那些反抗能力弱的小贩严格执法，而对那些可能会报复他们的小贩网开一面。可见，城管会根据实际情况而选择执法政策（刘升，2017）。

据统计，2015 年 ZJ 城管执法队一共对辖区内 222 名小贩进行了总计286 次处罚，从表 1 可见，绝大部分小贩在一年中仅被处罚 1~2 次，最多的一个小贩一年也才被处罚 5 次。

表 1　2015 年 ZJ 城管执法队无照处罚次数统计

单位：个，%

处罚次数	计数	乘积	占比	累计占比
1	175	175	78.83	78.83
2	33	66	14.86	93.69
3	12	36	5.41	99.1
4	1	4	0.45	99.55
5	1	5	0.45	100
合计	222	286	100	

资料来源：ZJ 城管执法队。

但笔者调研发现，实际上这些被处罚的小贩绝大部分都是天天在街头摆摊的职业小贩，也就是说，如果按照城管的法规政策严格执行，城管应该天天对这些小贩进行执法才对，但从表 1 可以看出，城管并没有严格执行既有法规政策，而出现了法规政策执行中的选择性执行现象。

导致这种现象的原因众多，主要可以从两个方面简要论述。

一方面，在自上而下的行政科层压力下，城管人员无论如何都要按照相关法规政策严格执法，否则他们就可能因渎职而被问责。所以，在条件允许的情况下，或者在一些上级领导经常路过的时间和地点，他们努力营造一种严格执法后的良好秩序，从而奠定了城管必须执法的制度基础。

另一方面，城管部门又没有足够的能力全面严格执法。首先，由于人员不足、法规不足、其他部门配合不足等原因，单独的城管部门没有足够的能力对那么多的小贩严格执法；其次，他们也不愿意真的全面严格执法。究其原因，主要有以下两点。第一，小贩本身很危险。如果他们全面严格执法，势必会引起小贩的对抗甚至报复。根据笔者在北京 ZJ 城管执法队中对街头小贩的统计，55 岁以下的小贩占 94.5%，其中男性小贩占大部分，且很多小贩都有同乡关系。所以，这些小贩实际上完全有能力对抗城管，同时，相对于流动的小贩而言，城管的工作时间和地点都更加固定，这也给小贩的报复提供了条件。笔者在 ZJ 城管执法队驻队调研 3 个月期间，先后有 4 名执法城管和 3 名保安在执法中受伤，而城管队员被小贩威胁、跟踪、骚扰、砸车等现象更是常见。因此，即便是再有动力的城管，他们也是人，也有家庭，也会担心害怕。正如一名带队执法的城管队长在见多了城管执法中受伤的情况后表示："如果我受伤了，就是把相对人枪毙了，我也不愿意啊！"第二，街头环境同样危险。过去城管还可以通过以暴制暴的方式对小贩进行压制，但现在，随着城市中人们法制意识和维权意识的增强，城管的暴力执法受到人们的强烈谴责。同时，从 2004 年拍照手机流行以来，城管的室外执法空间让他们随时处于"全景式监控"的环境中，此时，他们的一举一动都可能被周围人拍照取证，在这种"风险社会"中，国家代理人的身份让他们既不敢打也不敢骂，这就等于是消解了城管的反抗能力，在与小贩可能的冲突中，城管最多只能防守。所以，城管只能在现实面前进行一定的妥协，通过适当调整执行法规来让自己更加安全（刘升，2018b）。由此很多城管采取对自己有利的选择性执法方式。

三 小贩对城管执法政策的回应

小贩虽然是城管的执法对象，但作为理性人，小贩不仅仅是被动的政策接受者，同时他们在城管执行政策的不同阶段和根据自身拥有的不同资源也会表现出不同的回应。

（一）不同阶段的回应

首先，抵制执法。对小贩而言，抵制城管执法是他们最普遍的反应。虽然城管只是按照国家相关法规政策对小贩进行执法，但这些法规政策影响到了小贩的利益，所以小贩必然会通过各种方式进行相应的抵制。尤其是在城管刚开始执法的时候，小贩的抵制往往更加普遍和激烈，所以这个时候往往也是暴力冲突最多的时候。

其次，试探底线。当小贩发现城管的进入已经不可避免，面对城管执行的法规政策，他们为了增加自己的经营空间和时间，从而增加收入，必然要想办法试探城管法规的执行力度，这就会出现小贩与城管之间的博弈。小贩通过各种方式试探城管执法底线，如通过拖延时间、"蚕食"城管执法空间、打游击、争取同情、软磨硬泡等方式来试探城管的反应：如城管执法松动，他们就会前进；如城管执法加强，他们也可能后退。即便是在该过程中被警察拘留，他们往往还是会坚持，正如一个小贩所说："你抓我有什么用，就是拘留我七天，出来我还接着摆！"

对小贩而言，他们关键是要在与城管的日常斗争中寻找和降低城管的执法底线，同时也明确自己的底线，但如果城管真的彻底不让摆摊，他们也可能采用暴力对抗的方式。

最后，达成妥协。当小贩在长期斗争中发现城管的执法底线之后，他们就可以尽量在不触碰城管底线的前提下活动。此时，小贩知道自己的行为属于违法，自己是城管执法对象，他们也会根据新的环境来说服自己，所以只要城管不是经常对他们严格执法，即便是城管短时间内暂扣他们的经营工具，对他们进行罚款，他们也能接受。一个小贩直接表示："他们（城管）也不容易，我们能配合的尽量配合。"包括城管对她的罚款，在她看来"就当是交租金了"。所以，只要城管让他们摆摊赚钱，他们就还是愿意配合城管的执法活动，包括遇到一些重大活动，他们也会按照城管要求进行回避，但如果这些活动严重影响到小贩的生存，他们还是会表明自己的底线。

（二）不同群体的回应

街头小贩这个行业对年龄、技术、学历等进入门槛要求比较低，其进出自由的特性让很多人可以进入这个行业，从而构成"社会问题职业化"。所以小贩本身并不是一个统一稳定的群体，根据不同的划分标准，小贩可以划分为不同的形式：按职业稳定性区分，可分为职业小贩和兼业小贩；按来源区分，可分为本地小贩和外地小贩；按经营目的区分，可分为生存型小贩和发展型小贩；按组织类型区分，可分为散摊和摊群；按经营种类区分，可分为餐饮类小贩、服务类小贩、瓜果类小贩……

但从法规而言，无论哪种小贩都属于法规的禁止行列，所以都是城管的执法对象；而因为城管的执法行为影响了这些小贩的赚钱活动，所以自然受到小贩的普遍反对。实际上，尽管小贩都普遍反对城管的执法，但反对的形式也有很大不同。随着城管在街头相关执法秩序的建立，一些兼职小贩或有其他办法能够获得更高收益的小贩就会逐渐离开这个行业，那些没有其他赚钱途径的小贩在面对城管执法时也并不会完全被动，他们同样会根据自己拥有的资源通过各种方式为自己争取更多空间。对老弱病残孕这类具有明显外部"弱势群体"特征的小贩而言，他们会直接与城管博弈，而城管往往迫于社会压力而不敢严格执法，一旦城管靠近，他们只要通过一系列"街头表演"吸引群众围观即可对城管构成巨大压力；对于绝大部分普通小贩而言，他们则主要采取打游击的"猫鼠游戏"来应对，通过寻找城管执法的时空漏洞来给自己创造机会，一旦被抓到，他们会通过诉苦、求情、拖延、上访、求助媒体、打投诉电话等"软暴力"方式或抱大腿、下跪、躺车底等"非暴力不合作"的方式对抗城管；而对于同乡朋友多的小贩而言，他们甚至会结成团体，通过尝试暴力对抗等方式来给自己争取更多空间，甚至在面对城管执法时通过跟踪、威胁、肢体对抗等"硬暴力"方式对抗。

四　群众对城管执法政策的回应

根据与小贩的关系程度，可以将群众划分为两部分：一部分是与小贩有直接相关利益的群众，他们对城管执法的反应往往根据小贩给他们带来的具体影响而定；另一部分是与小贩无直接相关利益的群众，他们中的很多人从道德角度站在小贩一边反对城管。

（一）举报小贩

在与小贩有直接相关利益的群众中，对那些小贩给他们带来负面影响的群众而言，相关城管法规政策的出现给了他们一个维护自身利益的渠道，举报小贩是他们重要的应对方式。

由于经营方式粗放，小贩经常给周边群众带来噪声、油烟、道路拥堵等负面影响，所以小贩聚集地周边群众往往就会非常主动地要求城管执法，甚至一些小贩的家门口被其他小贩堵了路，身份的改变也让他们主动给城管打电话，要求城管执法。此时，他们通常会直接给城管打电话举报小贩，甚至在对城管执法效果不满意的情况下对城管进行投诉。

（二）帮助小贩对抗城管

根据与小贩关系的不同，群众中帮助小贩对抗城管的方式也可以分为两类：直接帮助和通过舆论帮助。

对与小贩有直接相关利益的群众而言，他们主要受惠于小贩在社会结构中的正功能。在当前的社会结构中，小贩提供了大量廉价便捷的产品和服务，据笔者统计，城市中的无照摊贩因为没有地租、水电、税收等方面开支，所以产品价格通常会比附近的正规店铺低 20%～40%，从而满足了部分城市中低收入群体的需要。在这种情况下，城市中低收入群体自然会优先购买这些小贩的产品和服务。因此，这些群众无论是出于个人经济需要还是情感需要都会反对城管执法。而直接帮助主要是现场从语言和行为上帮助小贩对抗城管。

对与小贩无直接相关利益的群众而言，这部分群众大多是通过各类新闻、媒体报道等了解城管的一些执法行动，在媒体博眼球的断章取义之下，这部分人因为与小贩没有直接相关利益，对现场情况也未必了解，所以更多的是从文化道德角度来对城管执法发表意见：一方面，小贩所表现出的"弱势群体"形象通常能够博取人们的同情，于是人们从文化角度产生城管"欺负"小贩的想法，从而对城管进行文化道义上的指责；另一方面，因为小贩违法这个事情本身是国家"自上而下"发展经济的结果，所以政策推行中也没有得到群众的文化认同，这就导致更多群众的不理解，于是产生了"城市的整洁权难道大于摊贩的生存权吗？"[1] "城市创卫是否能容得下小贩？"[2] "城市形象比民生更重要吗？"[3] 这类舆论。

五　地方政府对城管执法政策的回应

地方政府往往是城管法规政策的具体制定者和执行监督者，但地方政府对城管执行法规政策的反应也不是一成不变的，而是随着具体情况的变化而做出不同的回应。

（一）要求严格执法

对地方政府而言，因为国家已经明确了整治小贩的相关法规政策，所以在科层制压力体系下，地方政府往往制定了详尽配套的执法政策，并根据国家"有法必依，执法必严，违法必究"的执法宗旨，要求城管部门严

---

① 《小贩的生存权是否大于城市的整洁权力》，凤凰网，2007 - 02 - 08，http://phtv. ifeng. com/phinfo/200702/0208_45_74396. shtml。

② 《评论：城市"创卫"要容得下小商小贩》，新浪网，2007 - 04 - 18，http://news. sina. com. cn/o/2007 - 04 - 18/000611659826s. shtml。

③ 《评论：民生比城市形象更重要》，新浪网，2007 - 03 - 10，http://news. sina. com. cn/o/2007 - 03 - 10/200011383154s. shtml。

格执法。

当然，除此之外，地方政府往往还有自己的考虑。一方面，从"招商引资"和发展旅游业等发展经济的角度出发，为了营造一个更好的市容环境，创建"全国文明城市"（创文）、"国家卫生城市"（创卫）和"国家环境保护模范城市"（创模）等，从而在"晋升锦标赛"中占据优势，地方政府就必须要求城管严格执法，彻底取缔影响市容环境的小贩；另一方面，从城市治理角度出发，国家倾向于简单化、清晰化、标准化的管理方式，而小贩这种规模小、数量多且流动性强的经济模式显然不符合现代科层制的治理方式，工商、税务、卫生等相关职能部门都难以对小贩进行有效的管理。因此，从治理方便有效的角度出发，政府也必然要求城管严格执法。

（二）限制城管执法

政府并不仅仅是一个单纯的执法部门，更是一个复杂的综合管理机构。对政府而言，它要负责政治、经济、文化等方方面面的工作。而在这些工作中，政府显然会区分轻重缓急，也有自己的"中心—边缘"的工作格局，相对经济、维稳、民生等"中心"工作而言，执法显然属于"边缘"工作。因此，当城管的执法工作影响到其他工作的时候，政府往往又会要求城管不能影响"中心"工作。

而在当前的社会结构中，小贩仍然有很多正功能，所以在城管执法一段时间后，各种各样的问题出现。例如，城管严格执法，导致很多小贩失去经济来源，小贩集体到政府上访；城管的严格执法影响了附近群众的生活，群众反映强烈，通过市长信箱、电视媒体等方式表达不满；一些小贩铤而走险与城管发生暴力冲突，造成严重后果……

在出现这些问题后，对地方政府而言，尽管小贩带来了影响市容环境等很多问题，但与经济、维稳、民生等"中心"工作相比，市容环境毕竟还是次要问题。因此，政府往往会从整体大局考虑规范城管执法。在 ZJ，地方政府提出"宁可不执法也不能出事"的"两个不能"① 等众多要求，从而对 ZJ 城管的具体执法工作进行了诸多限制。

---

① "两个不能"：不能因城市环境秩序问题影响稳定；不能因执法不当引发群体性事件。

六　协助部门对城管执法政策的回应

虽然法规执法的主要执行者是城管部门，但城管部门并不构成唯一的执法主体。毕竟城管单个部门权力有限，所以根据事情的不同，城管需要其他部门的协助。在对小贩执法过程中，城管就至少需要公安、法院等部门的协助，但对公安、法院等协助部门而言，他们往往采用"应付"的方式回应城管的执法要求。

一方面，协助部门没有足够的能力协助城管部门工作。虽然从相关法规而言，协助部门有责任协助城管部门执行相关法规政策，但公安、法院等协助部门都有自己部门的大量本职工作需要处理，在人力、物力、精力有限的情况下，自然是首先处理自己部门的事情，因此也就没有足够的精力经常协助城管部门执法。

另一方面，协助部门不愿意协助城管部门执法。目前城管的法规政策本身还存在一些政策上的瑕疵，城管执法本身也经常受到社会舆论指责，存在引发群体性事件等风险。因此，协助城管执法很可能"出力不讨好"。而如果执法过程中发生冲突，作为参与者的各协助部门自然也脱不了干系。所以，通常各协助部门对城管部门的求助也是能拖就拖。正如一名城管人员表示：

> 相对人可以张嘴就骂，咱不行。相对人可以装疯卖傻，咱还不行。相对人动手，咱也不行。咱只能防着点儿，别打到要害……哥们最揪心的就是，亲眼看着相对人砍伤我们的同事，我们能做的不是一拥而上、打击报复……报警……警察至少15分钟到（要求我们在执法时遇到暴力事件必须实名报警）。他们一听你是执法的时候出事了，能来给你控制一下就不错了，然后就是笔录。上午出的事，晚上九点前能做完就拜佛烧香去吧。（宋志刚，2012：225）

虽然从法规而言，协助部门有责任协助城管执行相关法规政策，但因为制度上不存在具体的约束机制，结构上这些部门之间本身也不存在直接的隶属关系，所以这些协助部门的协助属于"有责任而没义务"，于是从本部门利益出发，各协助部门对城管的工作自然是能应付就应付。

七　结论

　　综上，城管部门在制定宏观政策过程中总是理想化地认为各方会按照法规的要求执行，但实际上，在法规执行过程中，不同社会行动者都具有理性人的社会能动性，他们能够根据自身所处的境况、拥有的资源等条件进行综合评判，从而产生知识、辨别困境并形成对自身有利的"恰当"回应（刘升，2018a）。而且可以看出，同一个政策对不同群体的影响不同，不同群体的回应也不同，且这种回应可能随着时间的变化而变化，回应方式也可能随着周围环境的变化而变化。而城管所面临的执法困境在很大程度上也与这种不协调的执法环境有关。因此，党的十九大报告明确提出，"全面深化改革总目标是完善和发展中国特色社会主义制度、推进国家治理体系和治理能力现代化"，需要"坚决破除一切不合时宜的思想观念和体制机制弊端，突破利益固化的藩篱，吸收人类文明有益成果，构建系统完备、科学规范、运行有效的制度体系"，这就需要构建相应的符合各方需求的治理规则，从而有效推进社会治理体系现代化。

参考文献

蔡克蒙，2010，《中国城管能从外国学习哪些经验》，《法学》第 10 期。

陈柏峰，2013，《城管执法冲突的社会情境——以〈城管来了〉为文本展开》，《法学家》第 6 期。

陈那波、卢施羽，2013，《场域转换中的默契互动——中国"城管"的自由裁量行为及其逻辑》，《管理世界》第 10 期。

何兵，2008，《城管追逐与摊贩抵抗：摊贩管理中的利益冲突与法律调整》，《中国法学》第 5 期。

李利军，2009，《城管行政强制权研究——兼对〈行政强制法〉的立法建议》，《中国行政管理》第 12 期。

刘磊，2015，《执法吸纳政治：对城管执法的一个解释框架》，《政治学研究》第 6 期。

刘升，2016，《从冲突到合谋：城管与摊贩的交往逻辑》，《北京工业大学学报》（社会科学版）第 3 期。

刘升，2017，《基层执法中的差序格局：理解社会治理的一个本土性视角——以城管执法为例》，《中国行政管理》第 5 期。

刘升，2018a，《信息权力：理解基层政策执行扭曲的一个视角——以 A 市中街城管执法为例》，《华中农业大学学报》（社会科学版）第 2 期。

刘升，2018b，《街头行政执法中的"平衡"机制研究——以城管执法为例》，《甘肃行政学院学报》第 2 期。

吕德文，2016，《剩余部门：理解城管工作的一个视角》，《云南行政学院学报》第 1 期。

马怀德、车克欣，2008，《北京市城管综合行政执法的发展困境及解决思路》，《行政法学研究》第 2 期。

毛立军，2013，《城管：如何让老百姓"叫好"》，《人民政协报》8 月 12 日，第 5 版。

彭华新，2014，《论当代媒介环境中的"城管之殇"》，《现代传播（中国传媒大学学报）》第 1 期。

宋功德，2010，《城管强制的合法化出路》，《国家行政学院学报》第 2 期。

宋志刚，2012，《城管来了》，北京：北京理工大学出版社。

周亚鹰，2012，《我是城管》，北京：大众文艺出版社。

责任编辑：胡赣栋

城市社区服务中心公共服务质量改进的影响因素组合探析[*]

许 鹿 明 慧[**]

摘　要： 城市社区服务中心在基层管理体制改革中成为公共服务的主要供给者之一，通过 SERVPERF 量表测量发现，虽在同一环境中，但各社区服务中心的公共服务质量存在明显的差距，通过对协同治理理论、制度理论、资源依赖理论进行整合、探析，以清晰集的定性比较分析作为探究工具，提炼出城市社区服务中心公共服务质量改进的三条组合路径。

关键词： 社区服务中心　公共服务质量　因素组合路径

保障民生、改善民生，是当前城市社区服务体系的重要职能。2010 年 G 市开始在试点区撤销街道办事处，设立社区服务中心，将原有的四级管理模式简化为三级，基层管理体制改革逐步铺开，2013 年 A 市随之开展试点。改革后公共服务质量确有提升，然而改进应是长效机制，而在信息化与全球化的大背景下，促进服务质量的持续提升，是公共部门所必须承担的责任和强调的职责。因此，本文通过测评社区服务中心的公共服务质量，再以定性比较分析方法，找寻社区服务中心公共服务质量改进的影响因素组合。

---

* 本文系贵州大学文科重点学科及特色学科重大科研项目"城市公共服务质量改进机制研究"（GDZT2012）和贵州省研究生教育创新计划项目"项目进社区：基层治理秩序调整的逻辑"（黔教合 YJSCXJH〔2018〕036）的阶段性研究成果。
** 许鹿，女，贵州大学公共管理学院教授、博士生导师，主要研究方向为社会组织、社会治理；明慧，通信作者，女，贵州大学学生工作部（处）辅导员，助教，主要研究方向为社会治理、大学生思想政治教育。

一　文献评述

提供社区服务的方式和路径是社区治理需要思考的重要问题。在社区范围内，政府、第三部门、市场、社区居民等多个主体，希望生活的质量和成员的归属感有所提升而供给的各种具有服务性质的产品或活动被统称为社区服务（徐永祥，2001；夏玉珍、李骏，2003；潘小娟，2004；彭穗宁，2004；田华，2007；李迎生，2009）。自20世纪70年代起，在企业管理中，以公民感知为核心内容的质量管理逐渐普及开来，"给公民提供优质的服务"，这种理念在新公共服务理论视域下正是改革的焦点。有研究者视社区与社会为一个整体，公共服务质量的持续改进是通过公民责任、部门能力、社会资源来实现的。有学者指出，资源、顾客反馈、制度实施等要素，与公共部门的服务质量关系非常紧密（Kaufmann，Mehrez，& Gurgur，2002）。有学者指出，公共机构的服务质量会受到此机构的服务标准和社会包容政策的影响。国内学者中有人指出，对服务质量感知起决定性作用的因素是服务提供者与受服务的顾客的互动（雷江升，2007）。或有学者认为，公共服务质量持续改进的影响因素包括公共服务投入、提供方式、管理办法，以及服务信息的开放透明性（陈文博，2012）。

目前，有关公共服务质量影响因素的研究多集中于政府购买公共服务和养老服务两个领域。关于前者，有学者认为服务特性、环境、政府能力对公共服务质量产生影响（刘波等，2010）；有学者从环境、政府、市场、社会组织、公众、监管等方面归结提炼影响因素（张雨婷、徐兰，2017）。关于后者，有学者认为养老院的服务水平和老人满意度受工作人员护理水平、敬业程度等因素的影响（Mueller，Arling，& Kane et al.，2006）。也有学者考虑政府、养老服务机构、从业人员、服务对象等利益相关者，从管理运营、专业化培训、服务对象人口特征、社会经济水平等维度划分影响因素（张红凤、张栋、卜范富，2018）。

可见，当前研究视角虽有差异，但相关影响因素不外乎组织内外部的利益相关者，如组织本身、服务对象，关于因素组合如何影响结果却并未谈及。基于基层管理体制改革的外部环境，本文将探讨公共服务的重要供给主体——社区服务中心的公共服务质量改进状况，探讨促使改进发生的因素组合路径，为公共服务质量的持续改进做出思考与探索。

二　理论与假设

（一）理论基础

所有的组织都存在于一定的环境中（汉南，2014），作为大社会系统中的子系统，组织的合法性根源与意义就来自外部的大社会系统，这种合法性是组织生存必需的，是组织实现、执行目标所获支持的源头（Parsons，1960）。组建并维护其合法性是组织在外部环境中开展活动的关键，社会的可依赖性与可接受性是组织生存不可回避的重要话题。

行为主体或主体的某个行为可获得的社会认可与接受程度就是组织的合法性，制度主义理论通常这样认为。一般来说，具有较高合法性的组织会更有竞争力，这是新制度主义组织理论领域的相关研究者所提出的论断。

资源依赖理论指出，一切组织都需要与其周边环境进行交换才可以生存下来。组织必须依靠外部环境所提供的资源而存在（Schermerhorn，Jr，1975；Weiss，1987），合作成为生存的必由之路（Gruber，1987）。在公共服务的供给过程中，由于公众需求提高，资源稀缺性问题随之产生，寻求公共部门的协同治理已是必然选择。有学者指出，单一组织难以在缺乏外部组织支持的情况下达成原本的预期目标（Owen，1998），由此来看，协同可以解决这些组织不可回避的难题，并取得超预期的收益。在我国，城市社区协同治理主要关注党和政府与辖区其他单位（包括社区内的自治组织、非营利组织等）、居民，在社区范围内协同参与公共事务。这种思路使多个社区利益主体的协同配合与有效治理成为可能。

本文从以上观点出发，由于对合法性存在需求，受外部资源稀缺性的限制，社区服务中心在活动过程中会与居民、社会组织、政府协作，交换资源，共同构成社区协同治理的主体；与外部环境进行交换，社区服务中心在这一过程中会采取措施去争取合法性资源，提升组织社会绩效。

（二）变量选取

在服务质量持续改进的过程中，为了适应环境，社区服务中心会选择与外部环境进行要素交换，这是资源依赖理论关注的重点；协同治理理论则关注多个治理主体的共同行动对服务质量提升的效果。依据合法性资源的来源，Singh 等学者将其划分为内部合法性与外部合法性，分别指其他内部单位和上级部门与外部利益相关者对该组织的认可度与接受度（Singh，House，& Tucker，1986）。基于以上观点，本文从内部合法性与外部合法性入手，从资源依赖的角度思考，结合协同治理理论的观点，考察社区服务中心公共服务质量改进的影响因素。

本文的研究主体为社区服务中心，其外部合法性来源为政府、社会组织、居民。在协同治理过程中，政府仍处于宏观调控者的位置，因为它具有其他主体难有的职能，如为组织发展提供政治环境、法律环境。既有研究发现，企业受到政策支持的深远影响，政府通过减税、政策性贷款、相关补助等产业政策的形式，对稀缺资源的配置进行干预，从而促进质量的提升和推动经济的进步（Musacchio，Lazzarini，& Aguilera，2015；Kollmann & Roeger，2012；Neary & Leahy，2000）。研究发现，受产业政策支持的企业在总体上可以使当地产业的生产率得到有效的提升（宋凌云、王贤彬，2013）。在政府引领改革的大背景下，社区服务中心应时而生，政府通过政策支持，为该组织的生存、运营、发展提供保障；而社区服务中心若获得政府这一宏观调控主体的政策支持，在居民当中更易获得赞同，工作也更易得到支持。因此本文认为，社区服务中心公共服务质量的改进会受到来自政府的政策支持的正向促进。

社会组织是政府向社区提供服务的合作伙伴，也是当前公共服务具体的实施方和主要的供给方（姚迈新，2012），社会组织能够提升社区内的公共产品质量，社会组织作为主体融入协同治理在社会管理创新实践中是一种必然（徐祖荣，2011）。推动社会管理创新与社区社会组织的发展密不可分（郁建兴、李慧凤，2011），社区治理的推动历程受社区社会组织的职能与作用发挥情况的影响。基于上述观点，本文认为，辖区内的社会组织参与社区事务，对社区服务中心公共服务质量改进有正向作用。

许多公共服务都需要服务直接受益者的积极参与（Whitaker，1980），在公共服务的相关实践中，通过尝试吸收公民的投入和参与去改进服务质量的实践探索越发常见（汪锦军，2011），公共部门、社区、公民共同参与公共服务的合作生产过程。

从某种程度上讲，社区居民对社区范围内的公共服务满意度由其实际参与状况和参与意愿共同决定（徐金燕、陆自荣、蒋利平，2012）。在如今的改革背景下，社区服务中心鼓励居民自治，鼓动和引导居民参与公共服务建设，而居民认可服务与工作，进而把自己作为参与者投身其中，促进公共服务质量的提升。故本文提出，居民积极参与社区服务中心相关事务，参与到公共服务的供给进程中，将对服务中心的公共服务质量改进起到促进作用。

考察管理者、员工等内部的认同是内部合法性关注的方面。有学者认为，员工希望维持组织成员身份的一种心理现象就是所谓的组织承诺，通常也指其对于某个组织以及这个组织的目标的认同情况，换言之，就是员工对这个组织的参与程度、认可程度、效忠程度（Kanter，1968；Buchanan，1974；Porter et al.，1974）。既有文献说明，组织承诺会影响绩效（Morries & Sherman，1981；Mowday，Steers，& Porter，1997；王颖、张生太，2008）。而作为公共服务的供给者、承接者，社区服务中心的公共服务质量就是其绩效的一种体现方式。结合以上观点，本文认为，社区服务中心工作人员的组织承诺高，会对其公共服务质量改进有正向作用。

服务是政党的本质，政党以服务来实现对社会的整合、对权力的控制、对国家的影响，这是从政党－社会关系视角出发的理解（齐卫平、姜裕富，2013）。上海市的 L 街道、山东烟台的芝罘区党委通过整合社区党内资源，形成了社区建设的强大力量。G 市与 A 市改革后的社区服务中心采取社区"大党委制"，在党的领导下、在辖区内基层党组织的支持下，社区内的党建力量、党员代表纷纷向社区服务中心伸出援手，协助开展服务。本文认为，基层党组织的积极参与、社区内党员的积极投入，推动了社区服务中心公共服务质量的正向改进。

综上，本文找出影响社区服务中心公共服务质量改进的有关变量，并提出总体分析框架，如图 1 所示。

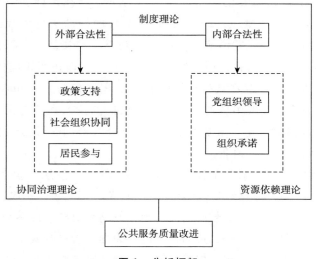

图 1 分析框架

三　影响因素的组合路径探讨

（一）研究方法

改革以来，居民成为社区服务中心最基本的服务单元与最直接的服务对象，居民对其服务质量的感知最为贴切。因此，本文通过 SERVPERF 量表，以李克特 5 点量表的形式展现出居民所感知的公共服务质量，以访谈、调研、查阅资料的形式分析影响因素，再以 csQCA——清晰集的定性比较分析，去探寻服务质量改进的路径组合。

查尔斯·拉金等（2017）认为，单因素需要同其他条件结合才能影响结果，这就是 QCA 的基本逻辑。在探讨研究主体的公共服务质量改进时，需要思考支持改进的几个要素是如何进行组合，从而形成改进路径的。

（二）被解释变量

本文在 G 市与 A 市的 12 个社区调研，采取随机抽样的方式发放问卷，其他资料主要通过与社区工作人员和居民访谈、搜集社区资料和媒体报道等获得。通过分析得出居民对不同社区服务中心的评价结果如表 1 所示，由于居民对公共服务质量的要求不断提高，为追求公共服务质量的改进，故以 3.5 作为编码临界值，即"并无明显改进"和"有明显的改进"，分别编码标识为 0 与 1。

表 1　居民感知社区服务中心公共服务质量的得分与编码

名称	有形性	可靠性	响应性	保证性	移情性	功能性	得分	编码
CL	3.4828	3.3172	3.1149	3.2896	3.1035	3.2069	3.2525	0
FH	3.3750	3.1000	3.1667	3.2533	3.1833	3.2167	3.2158	0
MC	4.5000	4.4400	4.5778	4.4600	4.5500	4.6167	4.5241	1
XT	4.3448	4.1448	4.2414	4.2897	4.1724	4.2241	4.2362	1
TC	4.8214	4.5929	4.4881	4.6071	4.5715	4.5714	4.6087	1
XIH	4.4375	4.3500	4.3214	4.3643	4.2857	4.4464	4.3676	1
XG	3.3190	3.0552	2.9195	3.3103	2.8104	3.3103	3.1206	0
YZ	3.4907	3.0222	2.9506	3.1704	3.0185	3.2037	3.1427	0
MZ	4.1481	4.0370	4.0370	4.0225	4.0185	4.0556	4.0531	1

续表

名称	有形性	可靠性	响应性	保证性	移情性	功能性	得分	编码
YG	4.0000	3.9556	4.0247	4.0715	4.0741	4.0864	4.0303	1
QX	3.2604	2.9917	2.9917	3.0750	2.8958	3.1458	3.0601	0
XH	4.5185	4.2074	4.1728	4.2074	4.2407	4.1296	4.2353	1

（三）解释变量

1. 政策支持

G 市班子高度重视此次改革，改革自 2010 年开始试点以来，出台《G市城市基层管理体制改革试点工作指导意见》，改革不断推行，至 2012 年完全铺开，全市实现办事处的全数撤销，90 个新型社区取而代之，且在推行过程中，政策也在随实际情况不断调整。A 市的情况却大相径庭，虽在 2014 年开展试点，后续如何却没有推进，具体情况可见访谈所述（见表 2）。

表 2　政策支持访谈

名称	代表性访谈记录
CL	"我们中心相对市里其他几家来说，挂牌成立时间要晚一点，但是无论如何，到现在也已经一年多了，这一年多来后面要怎么开展，上面也没有个什么指示。"
XT	"不像隔壁 G 市，人家 G 市重视，几个试点三两下整完直接推开，全面改革，我们呢？说试点试点，试到这会儿也没下一步安排，领导也不是特别重视。"
MC	"我们这里是（20）13 年 4 月挂牌成立的，到现在都三年多了，后续你是要取消还是要扩大搞，上面没有说法的。"
FH	"前任领导特别重视这个事（改革），但换届后的新班子不太支持，就一直搁置了。"
XG	"感觉他们（上级）根本就不重视这件事。"

2. 社会组织协同

根据实地调研，各社区服务中心所辖范围内的社会组织协同情况如表 3 所示。

表 3　社会组织协同访谈与编码

名称	代表性访谈记录	协同程度	编码
CL	"我们这儿的社会组织都是应付上头（组织部）的要求象征性去申报几个，实际上没有取得什么实质效果。"	低	0
FH	"我们辖区内的社会组织是文娱性的居多，经常会开展活动丰富辖区居民生活，你现在听，楼下正好就有个协会在搞活动。"	高	1

续表

名称	代表性访谈记录	协同程度	编码
MC	"我们目前有12家（社会组织），有家政协会、广场舞协会，这边挨着美食街，还有美食协会，我们社区只要需要它们，说到了都会来搭把手。"	高	1
XT	"我们（社区服务中心）会定期找他们来这里开会，很多组织特别管事，很热心，你看我们辖区的留守儿童非常多，很多社会组织就会经常去看望他们，还给这些孩子送书。"	高	1
TC	"目前我们这里有3家社会组织，经常开展像法律援助、教育类的活动，（居民对）活动的反响都挺好的。"	高	1
XIH	"在我们社区服务中心的辖区里目前暂时没有（社会组织），但我们正在努力引进，这是我们要建设的一个方向。"	低	0
XG	"辖区里有几家（社会组织），你看我们这栋楼上就有一家，但是不管哪家，都不怎么积极，很少见它们开展活动，平时基本上不会来找我们，合作也不用提。"	低	0
YZ	"现在我们这儿有商会和幼教各一家，幼教这个时常会组织社区里面的妈妈们带娃儿搞相关的活动。"	高	1
MZ	"我们辖区的社会组织一般会在年初出个整体方案，按方案执行开展活动，居民满意度基本上都比较高。"	高	1
YG	"目前登记的一家（社会组织）叫'七彩阳光服务社'，协助社区解决了不少问题，比如解决居民矛盾、策划辖区活动，它们都经常做。"	高	1
QX	"目前联系得比较多的是一家民非，叫'阳光妈妈志愿者协会'，主要是协助我们搞禁毒，比如说宣传，还对吸毒人员搞帮扶、慰问、禁毒咨询，在社区内的反响很不错。"	高	1
XH	"我们这里成立了社会组织联合会，就专门给各类团体提供相关服务，涵盖服务、教育、文化等领域，解决了不少的问题。"	高	1

3. 居民参与

为便于研究，笔者将居民参与的相关题目加入 SERVPERF 量表一同测量，发现得分与访谈情况基本一致，根据得分与访谈结果，将访谈中体现参与度较高且问卷得分在 3.5 分以上的编码为 1，反之为 0，如表 4 所示。

表 4　居民参与访谈与编码

名称	居民参与得分	代表性访谈记录	编码
CL	2.9655	"我们这里都是'386199'部队，平时不来给社区服务中心添麻烦就算好的了，参与公共事务、互帮互助就更别提了。"	0
FH	2.9667	"他们愿意参加文娱活动，但说到做贡献、参与议事之类的，基本就不太愿意了，特别是年轻人。像我们居民议事会之类的，恰恰需要发声的活动，都是老年人在参加，表达不了意愿。"	0

名称	居民参与得分	代表性访谈记录	编码
MC	4.6000	"居民都很热心，平时活动开展、组织议事之类的，居民都很主动。前段时间我们要搞健身设施，很多居民过来帮忙，开会讨论，出谋划策。晚上居委会（工作人员）下班了，自发组织打扫小区，小区里下班回家的人，特别是年轻人，看到都会搭把手。"	1
XT	4.1034	"社情民意，我们经常搞，就让居民来议事、来参加，（居民）代表们很有激情，愿意帮忙、参加平时社区里的相关活动。"	1
TC	3.3900	"基本上像居民议事会就是在走形式。我们平日里会搞文明岗，来做些服务，但实际上呢，年轻人基本上不来，都是老年人参加得多。"	0
XIH	4.4300	"居民都很积极，邻里间有什么需要经常互相帮助。前段时间，社区里有个老同志主动去和居委会联系，说想在小区教大家书法，因为周围人都觉得他书法写得好，想学，就这么搞起来了。"	1
XG	2.8600	"现在工作压力大，大家都忙，难得闲了都想休息，你说什么参与事务、给大家做贡献、搞社区服务，根本是不消提的（指'更不用提'）。""他们（社区服务中心、居委会）做什么根本不过问我们，一般就是来个人跟我们讲'最近要检查，门口别堆东西'之类的，如果让我们参与社区建设我们肯定不愿意。"	0
YZ	2.9600	"只要无关居民切身利益，基本是'事不关己，高高挂起'，像议事会之类的参与形式都是在走过场。"	0
MZ	4.0000	"像我们开居民议事会，居民积极得很，你看这里既是停车场又是活动中心，搞得井井有条，就是居民们讨论出来的。有的小区成立了自管会，还给小区的居民们办了不少的实事。"	1
YG	4.0370	"社区服务中心成立了七支服务队，都是志愿者服务队，志愿者现在有 6000 多（人），大部分都是我们辖区里面的居民，他们很愿意来参加活动、搞服务，因为他们自己就是受益对象。有事、有需要就开（居民）议事会，各个居民代表积极参与讨论过程。"	1
QX	2.9583	"居民主动参与社区事务的很少，总的来讲不怎么积极。你就拿搞文艺活动来说，他们都不咋个愿意来看，除非是我们搞点餐巾纸什么的小礼品发，还来一下，来了不停问你什么时候发东西，别的（事务）就更不用说了。"	0
XH	4.0370	"不少居民还是乐于参加社区事务的，像居委会主任、副主任的选举，参选率都比较高。议事这块，他们或代表个人或代表单位，发现、解决群众生活中的问题，居民中已经形成了这种协商的氛围。"	1

4. 组织承诺

研究表明，雇员组织承诺与离职行为之间是负相关关系（Cohen，1993），雇员的组织承诺越强，其离职行为越弱（Payne & Huffman，2005）。笔者通过实地调研、访谈得知，社区服务中心在编人员的离职情况极少，稳定性非常高，组织承诺与离职行为的差异主要在于临聘人员，所以本文着重对临聘人员的组织承诺进行对比。具体情况如表 5 所示。

表 5　组织承诺访谈与编码

名称	代表性访谈记录	组织承诺	编码
CL	"我们单位的临聘人员基本上都是年轻娃娃，流动性太高了，他们就是来缓和下就业压力，就只干一段时间。"	低	0
FH	"临聘的这些都是暂时找不到工作的年轻人，把这里当个暂时的过渡，一考起或者找到更好的单位马上就走了。"	低	0
MC	"我们这儿临聘人员流动性挺高的，你（笔者）那两个来干过的朋友我都有印象的，其实我们这里这种情况很多，因为我们的工作做得好，有的大人（指家长）就喊娃娃来锻炼一下，实习、学习几个月就走了。"	低	0
XT	"你看这些临聘人员，干着和正式员工差不多的活路，事多钱少，通常来做几个月就不干了，一走我们又要找人接手（工作），很影响我们的工作开展。"	低	0
TC	"你也晓得现在的就业形势很严峻，很多临聘的就是来我们这里干这种临时性的，当个'跳板'过渡一下。"	低	0
XIH	"离职情况非常少，流动性不大，他们工作特别认真也特别负责，很多都是像你（笔者）一样的年轻小姑娘，因为她们没有别的技能，学历也不高，别处工作不好找，就在这儿好好干。"	高	1
XG	"离职情况多得很，你像我们年初才招了 20 个来，这才不到半年，都跑了不止 1/3 了。"	低	0
YZ	"临聘人员有 50 来个，事杂待遇差，干不久。"	低	0
MZ	"光服务中心来看，临聘的有 15 个，很多都待不长。"	低	0
YG	"（临聘人员）都是些 30～40 岁的人，工资太低，流动性很强。"	低	0
QX	"留不住人，一个月五险一金扣扣，到手就 1000（块）出头的工资，换你你肯定也不愿意干吧，还有招人也不好招。"	低	0
XH	"我们社区工作事情多，肯定需要这些临聘人员的帮助，虽然总体工作开展得不错，但是他们坚持留下来的确实不是大多数。"	低	0

5. 党组织领导

通过调研，各社区服务中心党组织领导的具体情况如表 6 所示。

表 6　党组织领导访谈与编码

名称	代表性访谈记录	编码
CL	"我们这里有以前的几个大厂，很多党员挂靠在原单位，我们也管不了，现在个别党员自觉性不高，就不要指望他们参与公共服务了。"	0

续表

名称	代表性访谈记录	编码
FH	"说是实行社区大党委制，整合社区党建资源，但党委职能根本没有得到很好的发挥，领导身兼数职，分管的事务太多，平时忙于应付开会和工作，根本是分身乏术。"	0
MC	"我们这里是现组的党支部，以前村里的党员比较多，党务工作不好开展，经常联系不到人，更别提一起搞服务。有时候搞点活动，那些不归我们管的党员，还没有普通居民群众积极。"	0
XT	"大党委联席制，是我们设立的，把党员之家设在每个小区，通过业主委员会，共同去抓我们小区里的各个事项，工作就干上来了。"	1
TC	"我们服务中心的党委牵头，党员同志带头慰问帮扶困难户，党员先锋日活动时常做，强化党员的志愿精神、服务精神。"	1
XIH	"党委争取到省医等 11 家单位党组织的支持，还设立党员志愿服务岗，每月推进党员奉献日的活动开展。"	1
XG	"我们党委战斗力强，你看，从 2016 年 2 月以来，我们党委牵头开展文艺慰问、健康咨询义诊、青少年教育、贫困帮扶等活动有 30 来次了。"	1
YZ	"我们倒是想整合这些党员做起服务、干好工作，但是让党员自觉去发挥所谓的'带头作用'，不存在的，基本要靠行政命令，不归我们管的基本很难动员。"	0
MZ	"我们采取党建引领、发动群众的工作形式，形成共治共建的工作思路，在不少院落成立了功能性党支部，目前（活动）开展得也不错，广受好评，希望今后向纵深推进。"	1
YG	"我们（社区服务中心）的党委，打造'七彩阳光服务社'这一个品牌，到现在总共成立 17 个特色党小组，目前给 6 万余名群众带来实惠。在党建这块，成立非公联合党支部，也让辖区党员发挥模范作用，去搞志愿服务，以此作为连接的桥梁，培育志愿服务队。"	1
QX	"我们下面倒是有几家（居委会）在抓共治共建，搞楼道内的党建，不过现在看来效果一般，不够明显，而且我们下面村子里的那些（党员）积极性一般都不高。"	0
XH	"我们社区服务中心的班子，带头抓新型网格的创建工作，搞网格考核、评星，争取用 3~5 年把每个网格都提升到五星水准，得到区里面的认可。'创文'的时候，我们领导干部、党员干部积极调动力量，踊跃发动辖区的公共户单位参与，每天去包片点、居委会开展工作。"	1

（四）影响因素的组合路径探讨

将前文分析所得的编码情况整理得到变量组合真值（见表 7），输入 QCA 中运行，得到分析结果（见表 8）。

表7　变量组合真值

名称	政策支持 zczc	党组织领导 dzzld	居民参与 jmcy	组织承诺 zzcn	社会组织协同 shzz	结果 jg
CL	0	0	0	0	0	0
FH	0	0	0	0	1	0
MC	0	0	1	0	1	1
XT	0	1	1	0	1	1
TC	1	1	0	0	1	1
XIH	1	1	1	1	0	1
XG	0	1	0	0	0	0
YZ	1	0	0	0	1	0
MZ	1	1	1	0	1	1
YG	1	1	1	0	1	1
QX	1	0	0	0	1	0
XH	1	1	1	0	1	1

表8　分析结果

条件组合	原覆盖率	净覆盖率	整体一致性
社会组织协同×居民参与	0.714286	0.285714	1
社会组织协同×党组织领导×政策支持	0.571429	0.142857	1
组织承诺×居民参与×党组织领导×政策支持	0.142857	0.142857	1
整体覆盖率	1		

　　由表8的分析结果可知，研究主体公共服务质量改进的三条组合路径取得了较高的整体覆盖率与整体一致性。结合前述理论基础与调研情况，对组合解进行如下相关分析。

　　1. 社区自治内驱模式：社会组织协同×居民参与

　　政府、企业、社会组织、公民在公共服务供给过程中根据自身资源的情况进行动态交易，这是多主体治理模式所呈现出来的特点。在协同治理视域下，讲究非政府部门力量的引入和自治力量的培育。社会组织相当贴近居民，也是表达居民共同利益诉求和整合公共利益的重要平台。居民是公共服务的最直接受益者，也是消费者、合作者，通过发掘公共利益与居民个人利益的契合点、交叉点，培育公共精神、服务精神，在实现个人利益的同时，使社区服务中心的公共服务质量同样得以提升。

本文中 A 市 X 区的两个社区服务中心诠释了此路径组合。

> （居民、社会组织）都非常积极。打个比方，你自己也是居民，参与这些相关的事你自己就能获益，你积不积极？别个平时动不动为你搞点服务，你肯定很满意的，而且你去参与这些事务，参与议事，在这个过程中可以表达自我意愿，你说满意不？再看社会组织，人家一个是热衷，特别是那几个商会，给辖区里面的留守儿童经常送些书，经常去看望，给那些孤寡老人搞慰问送温暖，活动开展得很好啊，我们有时整不过来，他们帮了不少的忙。二个呢，和我们社区服务中心来合作，他们就有开展工作的平台了，还能提高下知名度。（G - XT - 20170828①）

> 这些协会活动都搞得可以，比如美食协会，经常搞试吃，大家喜欢得很。居民参与更不消讲（指"更不用说"），前不久我们要在小区安健身器材，我们通知出来征求居民的意见，小区内部就自己把会开了事议了，代表再来和我们服务中心讨论，两下子就搞定了。还有，像我们这里的工作整体做得好，经常有领导来走访、来参观，外面的单位也喜欢过来学习经验。（X - MC - 20170830）

上述两个社区服务中心同在 A 市 X 区管辖范围内，在政府的政策支持不足、员工离职频繁、组织承诺有待提高的情况下，这一路径展现了研究对象的公共服务质量仍能使居民满意的可能。

2. 多元主体协同推进模式：党组织领导 × 社会组织协同 × 政策支持

从协同治理理论的观点来看，与本文的问题对应，社区治理中的所有主体（如政府、NGO、企业、居民）构成一个系统，相互支持、合作，向居民提供优质的公共服务。

在贵州考察工作时，习近平总书记指出，基层是党组织最坚强的力量，也是经济社会发展和民生最突出的矛盾和问题所在，我们必须打牢基层基础，丝毫不能放松（新华社，2015）。基层党组织引导广大群众或者说居民自觉践行服务理念，积极参与社区的公共事务，这是其在基层管理体制改革背景下所肩负的职能。同时，党组织也以为人民服务为宗旨，成

---

① 本文访谈来源编码原则为：受访者姓氏首字母 - 社区服务中心名称首字母 - 访谈时间。

立党员志愿者服务队等团体，在社区范围内开展志愿活动。

作为协同治理中不可忽视的参与单位，社会组织受公众需求的引导，向公众提供公共服务，如就业、教育、医疗、卫生、养老等，在此过程中，社区居民多元化的需求得到满足与拓展，公共产品质量得以提升。同时，社区服务中心的发展有赖于政府提供的政策支持。在本文中，TC 社区服务中心应和了这一路径：

> 目前来看，我们在便民、为民服务方面都提高了。因为根据改革的动向，上级部门不断调整政策，我们党委就按要求牵头做工作，社会组织也时常会来和我们联系做活动，居民的评价总体都可以的。（L－TC－20171011）

在规范制度上，政府提供的政策支持给予了社区服务中心相应的保障，在党委的坚强领导下，基层党组织坚持贯彻落实服务路线，而社会组织使社区居民的多元化需求得到满足，在社区范围内，党政权力与社会力量实现整合，从而推动了社区服务中心公共服务质量的提升。

3. 内外复合驱动模式：组织承诺×居民参与×党组织领导×政策支持

作为一个系统，组织的相关要素发生联系与协作是一种必然，合法性则表示一种认同。政府的政策支持、居民的认可与投入，让社区服务中心本身及其相关活动得到认同，取得外部的合法性资源；辖区内的党组织和党员出于对社区服务中心的组织目标以及组织成员身份的认可，更好地发挥先锋模范作用，服务居民、服务改革、服务民生，工作人员也是如此。

在对 XIH 社区服务中心的访谈中体现为：

> 社区（服务中心）里抓的共治共建由我们党委去吸纳辖区的公共户单位参与。往小了看，居民有的问题甚至由党委领导亲自下去帮忙办理、解决。上次有个当过兵的老同志的一些诉求，就是我们党委领导亲自去办理的。我们的临聘人员大多年轻、工作认真，辖区居民互相帮助，解决了很多问题。（X－XIH－20171010）

作为协同治理视域下的重量级角色，社会组织即便缺席，如果达成此模式的相关条件，社区服务中心的公共服务质量亦能提升。

四　结论与建议

本文结合问卷调查、实地访谈、资料查阅的结果，基于理论分析与清晰集的定性比较分析的结果，探寻社区服务中心公共服务质量改进的三个路径组合，并据此提出促进社区相关研究对象公共服务质量改进的相关建议。第一，紧跟改革动向，优化政策环境。要有规章制度的保障，合理定义社区服务中心的职能边界和职责范围，保证社区服务中心的各项活动有规可依。第二，加强各方合作，助力社会组织。以公共服务为导向，引入、支持和组建社会组织，制定并落实相关人才队伍培育、表彰激励等措施，引导并支持民间力量加入社会组织建设，探索社会组织间的横向合作。第三，培育志愿精神，引导居民参与。建立居民议事会，组建如自管会、协商会、联合会等群众自治组织，大力引导居民广泛参与，培育居民的参与意识、志愿精神。第四，建强党委班子，发挥党员作用。强化社区党的领导，加强基层党支部建设，加强非公企业和社会组织的党建工作，大力开展党员进社区活动，引导广大党员积极参与，提高服务效果。第五，提高工作待遇，减少人员流动。随着居民对公共服务的要求越发提高，加上基层工作较为繁杂，若仅靠 20 余名在编人员难以满足居民需求，因此，可以将临聘人员的福利和待遇提升纳入思考范畴，吸纳周边的待业人员加入服务队伍，号召社区内的退休人员发挥余热。

参考文献

查尔斯·C. 拉金、伯努瓦·里豪克斯，2017，《QCA 设计原理与应用：超越定性与定量研究的新方法》，杜运周、李永发等译，北京：机械工业出版社。

陈文博，2012，《公共服务质量评价与改进：研究综述》，《中国行政管理》第 3 期。

雷江升，2007，《服务及服务质量理论研究综述》，《生产力研究》第 20 期。

李迎生，2009，《对中国城市社区服务发展方向的思考》，《河北学刊》第 1 期。

刘波、崔鹏鹏、赵云云，2010，《公共服务质量外包决策的影响因素研究》，《公共管理学报》第 2 期。

刘雨辰，2012，《赋权与公共部门的合法性风险及其规避——基于公共服务市场化的视角》，《安徽行政学院学报》第 1 期。

吕维霞、钟敬红，2010，《论信息公开对政府公共服务质量的影响》，《情报科学》第 11 期。

迈克·T. 汉南，2014，《组织生态学》，彭璧玉、李熙译，北京：科学出版社。

齐卫平、姜裕富，2013，《服务型政党建设与党的组织功能创新——基于政党功能的政治学分析》，《河南师范大学学报》（哲学社会科学版）第 6 期。

潘小娟，2004，《中国基层社会重构——社区治理研究》，北京：中国法制出版社。

彭穗宁，2004，《发展社区服务：城市社区建设的特殊路径》，《西华大学学报》（哲学社会科学版）第 4 期。

宋凌云、王贤彬，2013，《重点产业政策、资源重置与产业生产率》，《管理世界》第 12 期。

宋雪雁、朱立香、房梦莎、邓君，2018，《公共档案馆微信平台服务质量影响因素研究》，《图书情报工作》第 1 期。

唐德龙，2014，《资源依赖、合作治理与公共服务递送——以深圳市阳光家庭综合服务中心项目运作为例》，《华东理工大学学报》（社会科学版）第 3 期。

田华，2007，《论中国社区服务前十年的发展轨迹》，《理论月刊》第 11 期。

汪锦军，2011，《公共服务中的公民参与模式分析》，《政治学研究》第 4 期。

王颖、张生太，2008，《组织承诺对个体行为、绩效和福利的影响研究》，《科研管理》第 3 期。

夏玉珍、李骏，2003，《从一元、二元到多元——论社区服务理念的创新》，《江汉论坛》第 10 期。

徐金燕、陆自荣、蒋利平，2012，《居民志愿服务参与意愿与社区公共服务居民满意度内在影响之实证解析》，《中共成都市委党校学报》第 6 期。

徐兰、李晓萍，2016，《基于中间顾客感知价值的政府购买公共服务质量影响因素分析》，《江苏科技大学学报》（社会科学版）第 1 期。

徐永祥，2001，《社区发展论》，上海：华东理工大学出版社。

徐祖荣，2011，《社会管理创新范式：协同治理中的社会组织参与》，《井冈山干部学院学报》第 3 期。

姚迈新，2012，《资源相互依赖理论视角下的社区社会组织发展——以广州为例》，《岭南学刊》第 5 期。

郁建兴、金蕾，2012，《社区社会组织在社会管理中的协同作用——以杭州市为例》，《经济社会体制比较》第 4 期。

郁建兴、李慧凤，2011，《社区社会组织发展与社会管理创新——基于宁波市海曙区的研究》，《中共浙江省委党校学报》第 5 期。

张成福、党秀云，2001，《公共管理学》，北京：中国人民大学出版社。

张红凤、张栋、卜范富，2018，《养老服务机构服务质量影响因素及其地区差异——基于山东省十七地市的实证分析》，《经济与管理评论》第 2 期。

张洪武，2010，《治理理念的社区实践》，《中共南昌市委党校学报》第 2 期。

张雨婷、徐兰，2017，《基于扎根理论的政府购买公共服务质量影响因素研究》，《江苏科技大学学报》（社会科学版）第 3 期。

朱前星、陈果、梁煜、李佳金，2011，《社会整合功能：中国共产党政党功能调适的主要现实内容》，《湖北社会科学》第 9 期。

Brandsen, T., & Honingh, M., 2015, "Distinglishing Different Types of Coproduction: A

Conceptual Analysis Based on the Classical Definitions," *Public Administration Review* 76 (3): 427 – 435.

Buchanan, B., 1974, "Building Orgnizational Commitment: The Socialization of Managers in Work Organitations," *Administrative Science Quarterly.* 19 (3): 533 – 546.

Coats, D., & Passmore, E., 2008, "Public Value: The Next Steps in Public Service Reform," *The Work Foundation*: 9.

Cohen, A., 1993, "Age and Tenure in Relation to Organizational Commitment: A Meta-Analysis," *Basic and Apphed Social Psychology*14 (2): 143 – 159.

Eaton, J., & Grossman, G. M., 1986, "Optimal Trade and Industrial Policy under Oligopoly, " *The Quarterly Journal of Economics* 101: 383 – 406.

Elsbach, K. D., 1994, "Managing Organizational Legitimacy in the California Cattle Industry: The Construction and Effectiveness of Verbal Accounts," *Administrative Science Quarterly* 39 (1) : 57 – 88.

Fiss, P. C., 2007, "A Set-theoretic Approach to Organizational Configurations," *Academy of Management Review* 32 (4): 1180 – 1198.

Gruber, J. E., 1987, *Controlling Bureaucracies: Dilemmas in Democratic Governance*, Berkeley: University of California Press.

Kanter, R. M., 1968, "Commitment and Social Organization: A Study of Comnitant Mechanisms in Utopian Communities," *American Sociologicul Review*, 33: 499 – 517.

Kaufmann, D., Mehrez, G., & Gurgur, T., 2002, "Voice or Public Sector Management? An Empirical Investigation of Determinants of Public Sector Performance Based on a Survey of Public Officials," World Band Research Working Paper.

Kollmann, R., & Roeger, W., 2012, "Fiscal Policy in a Financial Crisis: Standard Policy versus Bank Rescue Measures," *American Economic Review* 102 (3): 77 – 81.

Kostova, T., & Zaheer, S., 1999, "Organizational Legitimacy under Conditions of Complexity: The Case of the Multinational Enterprise," *Academy of Management Review* 24 (1) : 64 – 81.

Morries, J. H., & Sherman, J. D., 1981, "Generalizability of an Organization Commitment Model," *Academy of management Journal* 24: 512 – 526.

Mowday, R. T., Steers, R. M., & Porter, L. W., 1997, "The Measurement of Organizational Commitment," *Jounrnal of Vocational Behavior* 14: 224 – 247.

Mueller, C., Arling, G., & Kane, R. et al., 2006, "Nursing Home Staffing Standards: Their Relationship to Nurse Staffing Levels," *Gerontologist* 46: 74 – 80.

Musacchio, A., Lazzarini, S., & Aguilera, R. V., 2015, "New Varieties of State Capitalism: Strategic and Governance Implications," *Academy of Management Perspectives* 29: 115 – 131.

Neary, J. P., & Leahy, D., 2000, "Strategic Trade and Industrial Policy towards Dynamic Oligopolies, " *The Economic Journal* 110: 484 – 508.

Ostrom, E., 1976, "Multi-mode Measures: From Potholes to Police," *Public Productivity Review* 3: 51 – 58.

Owen, S. , 1998, "Managing for Sustainability, the Cornerstone of Development: Integrating Environmental, Social and Economic Policies," in Schnurr, J. , & Holtz, S. （eds.）, *Ottawa: International Development Research Center*, pp. 117 – 147.

Payne, S. C. , & Huffman, A. H. , 2005, "A Longtiudinal Examination of the Influence of Mentoring on Organizational Commitment and Turnover," *Academy of Management Journal* 48: 158 – 168.

Parsons, T. , 1967, "Some Ingredients of a General Theory of Formal Organization," In *Structure and Process in Moolern Societies*, IL: Free Press.

Poter, L. M. , Steers, R. M. , Mowday, R. T. , & Boulian, P. V. , 1974, "Orgarizational Commitment, job Sabisfaction and turnover among Psychiatric techuicians," *Journal of Applied Psychology* 59: 603 – 609.

Rottig, D. , 2008, *Institutional Distance, Social Capital, and the Performance of Foreign Acquisitions in the United States*. Florida: Florida Atlantic University.

Schermerhorn Jr, J. R. , 1975, "Determinants of Interorganizational Cooperation," *Academy of Management Journal* 18: 846 – 856.

Scott, W. R. , Ruef, M. , & Mendel, P . J. et al. , 2000, *Institutional Change and Healthcare Organizations: From Professional Dominance to Managed Care*. Chicago: University of Chicago Press.

Singh, J. V. , House, R. J. , & Tucker, D. J. , 1986, "Organizational Legitimacy and the Liability of Newness," *Administrative Science Quarterly* 31 （2）: 171 – 193.

Spacek, D. , & Nunvárová Svatava, S. , 2009, *Quality Management and Citizen's Satisfaction-selected Pratice of CzECH Public Administration*. State and Administration in a Changing World.

Walker, E. T. , & Mccarthy, J. D. , "Legitimacy, Strategy, and Resources in the Survival of Community-Based Organizations," *Social Problems* 57 （3）: 315 – 340.

Weiss, J. A. , 1987, "Pathways to Cooperation among Public Agencies," *Journal of Policy Analysis and Management* 7 （1）: 94 – 117.

Whitaker, G. P. , 1980, "Coproduction: Citizen Participation in Service Delivery," *Public Administration Review* 40 （3）: 240 – 246.

责任编辑：张红春

社会保障专题

贵阳市养老照顾服务现状、问题及对策研究

——基于 Y 区养老服务的调查与反思[*]

廖煜娟　舒嵚崟　胡良屏　王德文[**]

摘　要：贵州早在 2003 年就进入老龄化社会，贵阳市作为贵州省的政治、经济、文化中心，老龄化率在 2017 年就已经超过 16%，贵阳市在回应老龄化及随之而生的老年人养老、照护等现实需求的过程中，积累了一些具有推广意义的实践经验，同时也不可避免地面临一些问题。本文采用实地观察法，以 Y 区养老服务机构及其提供的养老照顾服务项目内容为研究对象，对贵阳市养老照顾服务现状进行调查与分析，调查发现目前贵阳市养老照顾服务行业面临养老照顾服务供需矛盾突出、医护服务人员匮乏、养老服务机构尤其是日间照料中心地位尴尬等问题。本文从打造医联体，引导养老、医疗机构贯穿养老资源等几方面总结了 Y 区养老服务供给的创新与实践，并从提升居家养老服务机构能力、强化心理慰藉服务功能、加快研究制定养老服务人才培养规划等几方面提出促进养老照顾服务持续发展的系列建议。

关键词：贵阳市　养老照顾服务　养老服务供给

---

* 本文系贵州大学 2013 年度引进人才科研项目（人文社会科学）"转型期家庭功能外移与转移研究"（贵大人基合字〔2013〕020 号）和贵阳市老龄工作委员会办公室 2017 年"贵阳市农村幸福院现状与发展对策调研"资助课题的阶段性研究成果。

** 廖煜娟，女，汉族，贵州毕节人，贵州大学公共管理学院教师，博士，研究方向为社会政策与养老保险；舒嵚崟，男，苗族，贵州毕节人，贵州大学公共管理学院本科生；胡良屏，男，贵州省贵阳市 Y 区老龄委办公室主任；王德文，男，侗族，贵州石阡人，贵州省贵阳市 Y 区老龄委办公室副主任。

一　问题的提出

老龄化步伐加快使我国养老服务需求持续增加，预计到 2020 年，全国 60 岁以上老年人口将增加到 2.55 亿人左右，占总人口的比重将提升到 17.8% 左右；高龄老年人将增加到 2900 万人左右，独居和空巢老年人将增加到 1.18 亿人左右，老年抚养比将提高到 28% 左右（国务院，2017）。而目前我国失能半失能老人达 3700 万人、高龄老人达 2400 万人，6000 多万名老人急需专业护理。为应对快速发展的老龄化及与其相伴而生的养老问题，党和国家发布了系列重大规划及应对方案，2016 年发布的《国务院办公厅关于全面放开养老服务市场提升养老服务质量的若干意见》明确指出，到 2020 年，养老服务市场全面放开，养老服务质量明显改善。显然，党和国家在关注养老服务机构数量的同时，对养老服务质量的重视也提上了议事日程。2017 年国务院发布的《"十三五"国家老龄事业发展和养老体系建设规划》明确提出，要使"以居家为基础、社区为依托、机构为补充、医养相结合的养老服务体系更加健全"。在强大的市场潜力和良好的政策推动下，养老服务行业开始了如火如荼的改革、实践和创新。目前，各地都朝着机构养老、社区养老、居家养老三大养老方式共建并存的模式发展，在实践中体现为各种性质的养老服务机构百花齐放、共同发展。①

贵州省 2003 年已迈入老龄化社会，受家庭小型化和青壮年劳务输出的影响，老龄化、高龄化、空巢化趋势明显。截至 2017 年底，贵州省 60 岁以上老年人口达 554.22 万人，占常住人口的 15.59%，其中失能半失能老人有 105 万人，占老年人总数的 18.95%，如今贵州省至少有 105 万名老年人急需养老照顾服务（朱晓慧、陈康清，2017）。作为经济尚相对薄弱的贵州，如何应对波涛汹涌的"银发浪潮"，如何提高老年人尤其是失能半失能老年人及高龄老年人的晚年生活质量及生命质量，这是摆在贵州全体人民面前的现实问题。贵州省各地州市也积极探索养老的新途径，而这些养老实践的效果如何，老年人能否真正从中获益，贵州的养老照顾服务如何能够持续得到良好发展，这些都是值得关注和反思的议题。

---

① 从发展趋势来看，未来的养老格局应是机构养老、社区养老、家庭养老相结合。其中，家庭养老和社区养老将满足大部分老年人的养老需求，机构养老则通过发挥专业优势，主要承担失能半失能老年人以及高龄老年人的照护工作。

二　Y区养老照顾服务现状及问题分析

从贵阳市 Y 区来看，按照户籍人口计算，截至 2017 年底，全区总人口 648700 人，其中 60 岁以上人口 148665 人，占全区总人口的 22.92%。其中，失智老人 756 名，失能半失能老人 20412 名，空巢老人 71756 名，分别占全区老年人口的 0.51%、13.73% 和 48.27%。该区失独老人及独生子女家庭老人主要分布在城市，分别占老年人口的 0.20% 和 11.71%。①显然，Y 区城市老年人人口众多，失能半失能老人、空巢老人、失独老人、独生子女家庭老人在城市分布多，城市养老照顾压力较大。

（一）Y区养老服务机构概况分析

从养老服务的供给方面来看，如果以满足不同老年群体的养老需求为标准进行划分，Y 区已经初步形成了"机构养老 + 居家社区 + 农村幸福院"的多形式、多层次的养老服务模式。其中，以养老院、敬老院为代表的机构养老以失能及高龄老人为主要服务对象；以日间照料中心、农村幸福院为典型的居家机构则以健康老人为主要服务对象。三者最主要的差异就在于服务对象的不同，因此，三者在养老市场中的地位也不尽相同，尤其是农村幸福院的功能亟待开发。

截至 2018 年 1 月，Y 区共有居家养老服务中心和日间照料中心 14 家，其中 4 家公办民营，10 家民办民营，共有床位 300 余张；共有 12 家公办农村幸福院，床位共计 80 余张。此外，Y 区共有 11 家养老服务机构，主要形式是公办民营，床位有 1557 张。② Y 区提供居家养老服务的机构中，规模在 30 平方米至 3184 平方米之间。调研显示，神奇居家养老日间照料中心、中天社区居家养老服务中心规模相对较大，且设施设备较为完善，能提供的服务内容较多。尽管延中社区日间照料中心、中天乌江怡苑日间照料中心设施设备较为完善，但当地社区居民对两个日间照料中心的使用

---

① 本段所涉及的数据来源于 Y 区老龄委。

② 所有数据均来源于 Y 区老龄委。公办民营的形式为当地政府或相关主管部门修建养老场地，引入专业的养老服务机构团队进行运营，并给予税收、房租、物管、水电费等方面的或减或免之类的优惠，除此之外，还根据具体情况予以不同金额的建设补贴或者运营补贴。民营则是指民间资本独立修建并保障养老服务机构的正常运营。公办是指从建设到运营都没有市场力量或者其他民间资本的注入，而仅仅是政府相关经费的投入。

率并不高，说明对日间照料中心的性质及所能提供服务的服务内容的宣传推广工作仍需加强。调研同时也发现，居家养老服务机构在交通上的便捷性以及周边环境的优良性是影响居民对居家养老服务机构使用率的重要因素，相较而言，交通便捷度越高，使用率越高。整体而言，现有居家养老服务机构无论规模、类型还是设施设备等均呈现多样化发展的态势，但是当地社区居民对这些机构、设施设备及所提供的养老照顾服务内容的知晓率、使用率等如何提高仍需认真考虑。

（二）Y区养老服务机构提供的养老服务情况

1. Y区养老照顾服务内容

居家养老服务机构能够提供的服务项目及服务内容对居家老人及其家庭而言至关重要，社区居家养老服务对老人的生理健康、心理健康、社会健康均有显著正向影响（周红云等，2018）。调研显示，无论机构养老还是社区居家养老，在服务内容上，都能提供不同程度的日常生活照料、医疗保健、文娱活动等服务（虽然在服务质量及服务形式上有所差异），最亟须加强和提升的都是精神慰藉。就Y区的情况而言，目前几乎没有专业的团队能够独立承接该工作，养老服务机构能够提供的主要还是一线护理员的个人化的陪护（见表1）。

表1 Y区养老服务机构提供的养老服务概况

	主要服务对象	服务内容	服务方式	费用构成	医养结合
日间照料中心	健康老人	生活照料、医疗保健、文娱活动、精神慰藉	老人自行到机构，并自行回家	政府指导价格与市场定价相结合	部分有
农村幸福院	健康老人	文娱活动	老人自行到机构，并自行回家	免费	无
养老院	失能老人及高龄老人	生活照料、医疗保健、文娱活动、临终关怀、精神慰藉[a]	入院养老	政府指导价格与市场定价相结合[b]	部分有[c]

注：a 在养老服务机构的实际操作中，生活照料是指根据老人自理能力情况及其能承受的经济水平提供养老服务包。主要包括为老人提供餐食与住宿，帮助老人完成日常生活所必需的洗澡、如厕、喂食等基本活动。医疗保健主要包括一系列常规的医疗检查（血压、血糖、心电图等）与中医理疗、康复训练等项目。文娱活动主要包括打麻将、下棋、看报、老年活动课程、节日活动、每月生日会、志愿者组织的其他活动。精神慰藉原则上是指与老人的心理沟通，但是基本上由一线护理人员完成，缺乏专业的心理咨询工作者的介入。b 政府指导价格与市场定价相结合是指养老服务机构的特殊性决定了其在定价时必须与当地政府的相关职能部门沟通，并且遵循一定的原则，但同时也要保障养老服务机构的持续发展，所以也应遵行市场规律与市场实际状况。除了政府兜底的政策性入住老人以外，根据Y区老年人的自理能力和所需要的服务包，其能承受的价格

范围在 2000~8000 元不等。日间照料中心一般的收费项目包括中午的餐费，一般是 8~15 元每餐，标准的配置为四菜一汤，至少两荤两素（部分日间照料中心还提供送餐到家的服务）。如果老年人在日间照料中心就餐则打麻将免费，如果不就餐打麻将每人每天收取 5 元钱，其他娱乐项目不收费。中医理疗康复等项目按医疗费用收取，部分可以刷医保卡。c 医养结合主要是由贵阳市第三人民医院派遣驻点医生在各合作的养老院或日间照料中心开展理疗、康复训练服务。一些养老院如 Y 区中心敬老院、Y 区康园老年公寓等已经获批成立了一级医院，甚至能够对外（入住本院的老年人之外的病患）提供医疗服务。

具体而言，养老院中的日常生活照料更加专业和系统，日间照料中心及农村幸福院等机构实际上不太具备提供日常生活照料的能力和条件，基本上也不存在实际的专业养老照顾队伍供老年人及其家庭选择。无论是养老院还是日间照料中心或者是农村幸福院，文娱活动都是所有养老服务项目中实践得最好的内容。具体的文娱活动，一般表现为成立老年舞蹈队、成立老年兴趣小组，并开展相应的比赛或者展览；每个月为过生日的老人举办集体生日会，邀请大学生等志愿者到本机构表演节目等。显然，该项目更多的是针对那些具有完全自理能力的老年人，因而也最容易实现。对于那些失能半失能老年人的日常生活照料，尤其是居家老人，相对非常缺乏。这也是目前及今后养老照顾服务机构重点应该考虑开发的项目及服务内容。

2. 养老照顾服务从业人员结构及医养结合情况

Y 区日间照料中心、居家养老服务中心、幸福院实际上并不存在入住老人这个群体，因此也基本没有护理员。日间照料中心的工作人员主要由管理者和厨卫人员组成，一般情况下，一个日间照料中心由 1~2 名专职管理人员进行管理，2~3 名工作人员负责厨房及卫生打扫事宜。那些设置了中医理疗或者康复项目的日间照料中心还配有 1~2 名医护人员。因此，Y 区养老照顾服务人员主要由有入住老人的养老院中的工作人员组成。总体来看，全区 37 家居家养老服务提供机构共有员工 490 人，其中女性职工 386 人，占比为 78.78%，其中管理岗位 112 人、厨卫人员 139 人、其他人员 239 人。从医养结合的角度来看，现有医护人员 91 人，其中医生 29 人、护士 62 人，医护人员占所有职工的 18.57%。① 部分居家养老服务中心及日间照料中心②已与

---

① 数据来源于 Y 区老龄委，时间截至 2018 年 1 月。

② 社区老年人日间照料中心是为社区内生活不能完全自理、日常生活需要一定照料的半失能老年人提供膳食供应、个人照顾、保健康复、休闲娱乐等日间托养服务的机构，是一种适合半失能老人的"半天入托接受照顾和参与活动，晚上回家享受家庭生活"的社区居家养老服务新模式。

相应的医院签订协议，建立合作关系。比较普遍的做法是，合作医院派遣医护人员在特定的时间段到社区居家养老服务机构为当地老人提供日常的医疗服务。

（三）Y区养老照顾服务存在问题

1. 养老照顾服务供需矛盾突出

调研显示，Y区养老服务机构因机构性质不同而在养老资源分配上存在巨大差异，这与全国的情况几乎是一致的，中国的养老服务机构普遍存在养老服务机构奢华与简陋并存、一床难求与床位大量闲置并存、借老龄事业之名的房地产开发及圈地、养老专业人才奇缺等问题。而上述乱象的根源在于我国养老市场中政府、社会、市场的关系与责任边界模糊，往往表现为养老资源在性质不同的养老服务机构中分配不公（陈友华等，2016）。而具体到养老服务机构的养老服务供给方面，更是普遍存在供需失衡的问题，全区11家养老服务机构仅容纳了1.73%的失能半失能老人，说明90%以上的老年人选择在家、社区或其他机构养老。这个现象不仅与我国其他地区的实际一致，而且与大量的研究结果一致。我国在养老问题上存在子女一代供养不足，机构养老不受重视，老人倾向于居家养老，老人及家庭自我保障、自养能力不足，生活缺乏照顾等现实困境（辛璟怡，2018）。而事实上，居家养老模式有帮助老年人更好地自评健康状况、显著降低老年人的慢性病发病率、提高高龄老人生活自理能力等优势（王延涛等，2018）。因此，居家养老服务机构作为居家养老的重要服务提供者，显得至关重要。而现在的居家养老服务机构广泛存在社区居家养老服务内容匮乏、专业养老服务人员缺乏、社区老人对居家养老服务的认知度低以及基础服务设施不够完善等问题（张菁等，2018）。

就Y区的情况而言，全区37家居家养老服务提供机构需要承担满足绝大部分老人的养老服务需求的任务，而区内所有的日间照料中心、居家养老服务中心、农村幸福院，现还未能完整针对失能半失能老人的日间托养提供照护服务，也难以完全满足现有居家养老的健康老人的养老服务需求，尤其是日常生活照料服务，难以缓解老人子女以及社区的养老照顾压力。Y区老年人对养老照顾服务具有极大的需求，但目前养老服务机构的养老照顾服务供给严重不足，日间照料等居家养老照顾服务项目还有待开发。

2. 医护服务人员严重缺乏

居家养老是老年人养老的主要选择，其中医护服务为老年人养老的第一需求（朱秀敏，2018）。从 Y 区 11 家养老服务机构的医护人员、养老护理员的配比来看，一方面，专业性的护理人员大多分布在大型养老服务机构中，中小型养老服务机构几乎没有专业护理人员，更缺乏医生、护士；另一方面，在养老院工作的医护人员流动性较大，稳定性差。

从社区居家养老的角度分析，Y 区日间照料中心基本上都能提供唱歌、跳舞等文娱项目，一些中心还安排了常规化的文娱活动。但是，生活照料护理型服务尤其是与医疗相关的养老服务则亟须加强。部分日间照料中心已经与医院合作，探索医养结合之道，但是也存在服务项目相对单一等问题，如大多数服务项目仅限于中医物理理疗。养老服务机构对医护人员等专业技能拥有者缺乏足够的吸引力，医护人员多为合作医院下派到居家养老服务机构的驻点医生，但多为年轻、经验较少的医护人员。

显然，这一方面与人们对该行业的固有观念与意识密不可分，另一方面也与医护等专业人才在养老服务机构中收入相较医院低得多的现实高度相关①。

3. 养老服务机构尤其是日间照料中心地位尴尬

从供给主体来看，社区养老服务供给主体间角色定位不清，社区提供的养老服务定位模糊（王武林等，2016）；从制度上讲，目前我国社区居家养老服务的基层制度安排缺位，缺乏统一的国家层面的法律与规范予以约束与监督（陈为智，2016）。但是，从实践操作来看，由于养老服务机构的特殊性，当地政府一般牵头引进有专业管理经验或者资质的机构落户社区并在场地提供、建设补助等方面制定系列支持性政策和帮扶措施。虽然是非营利性质的机构，但是要在市场上生存也必须有持续的收入来源，因此，必然不可能为所有人提供免费的服务。如此一来，社区居民甚至某些职能部门会产生某种错觉："日间照料中心、居家养老服务站"是"打着公益的旗号来套钱"或至少是"占用了社区老年人公益项目的名额"。因此，某些社区居民甚至社区服务中心都对社区养老服务机构存在一定的心理排斥。

---

① 养老已经成为政府和社会必须面对的重要问题，然而，目前养老服务机构专业护工普遍短缺，城市、农村敬老院管理人员后继乏人。养老护理员的护理技能和水平直接影响养老服务机构的服务质量。加强养老护理人员队伍建设，提升养老服务质量就显得极为关键。可以通过联动社区社工、志愿者、医疗机构、家政服务员等资源，最大效率地提供老人需求的服务，并计划落实养老行业学费补偿和入职奖补规定等政策，吸引更多高学历、低年龄的人员从事养老行业。

一方面，一些居民认为日间照料中心等机构占用了社区的资源，因此，应该提供更好甚至是免费的服务；另一方面，社区居委会和养老服务机构之间由于认识偏差或沟通等方面的原因，或多或少存在某种合作障碍。例如，民政局等部门付给日间照料中心等机构的补助款项，不是直接拨给相应机构而是拨到该机构所在的社区服务中心，这样一来，实际上大大增加了日间照料中心等机构获得相关补助款项的时间与手续等成本。如此种种，日间照料中心等养老服务机构处于尴尬地位。

三　Y 区养老服务供给的创新与实践

（一）深推医养结合，打造医联体模式

第一种合作模式，是借着《国务院办公厅关于推进医疗联合体建设和发展的指导意见》（国办发〔2017〕32 号）以及贵州省中医医疗联合体①建设的东风，Y 区引导医疗机构与养老服务机构成立 Y 区医疗联合体，牵头打通养老服务机构与医院等医疗机构之间的合作通道，助推医养结合深度落实，以解决养老服务机构在医疗服务上存在的动力不足、医疗资源有限的问题。医联体成员单位在老年人就诊就医等过程中享有"绿色通道"，即从挂号预约医生到诊治一条龙的服务安排，养老院的老人及其家属无须忧虑患病老人到医院之后的系列流程。第二种合作模式，则是由医院直接派驻医护人员到合作的养老院、日间照料中心等机构，具体负责养老院中的"医疗事项"。对于条件许可的日间照料中心等机构，附近老年人可在合作的医院挂号办理入院，到家门口的日间照料中心接受日常康复等治疗，以节省老年人到医院就医的时间及交通费用等成本。显然，医联体的打造极大地提高了养老院等机构的形象和服务质量。

（二）政府主导，引导日间照料中心等社区居家养老服务机构提供便民化服务

在老龄委等部门的倡导及引导、帮扶下，Y 区大部分日间照料中心及

① 所谓"医疗联合体"，即由一所三级医院，联合一定区域范围内的二级医院和社区卫生服务机构，组成"医疗联合体"，医联体内各合作单位双向转诊。此举促进了医疗与预防、保健相衔接，医疗卫生与养老服务相结合，逐步实现了为人民群众提供全方位、全周期健康服务的目标。

居家养老服务中心均积极探索、尝试为居家老人提供送餐、送医入户、日常陪护、家用设施设备简单维修等上门服务。这在一定程度上满足了居家养老的老人的医疗服务和生活服务需求，也缓解了日益突出的养老服务供需矛盾。除此之外，各社区养老服务机构与大型医院合作，医生到机构内驻点工作，保障了社区医疗服务的需求，更方便老人获得医疗服务。同时社区的养老服务机构通过与附近的其他服务机构，如舞蹈机构、书法协会、太极拳机构等合作，为老人提供更加丰富的娱乐活动，较好地满足了老人的娱乐休闲需求。

（三）瞄准市场需求，整合养老资源，成立养老联盟

鉴于养老事业的复杂性，完整的养老服务并非某单一机构就能提供的，必然涉及各养老主体与相关管理部门，"Y区养老联盟"应运而生。该联盟的成员单位至少已经在养老需求评估标准制定及使用、人才培训、资源互通等几方面达成了共识与合作，以实现各联盟成员之间的资源共享，满足老人多样化的养老需求，构建和谐、共生、可持续的养老服务圈。

1. 统一养老服务需求评估标准

养老联盟将研究制定养老服务系列标准作为重要工作。养老联盟成员单位在遵照国家及贵州省《养老服务标准体系建设指南》《养老服务机构服务质量基本规范》《社区居家养老服务规范》等的基础上，由Y区中心敬老院负责牵头研究制定老年人养老需求评估等系列标准，标准成稿之后，11家联盟单位均遵照该标准对老年人的实际养老需求（自理能力）进行评估。显然，该举措能够最大可能地帮助Y区养老院老年人自理能力评估达成标准与实际操作上的统一。①

2. 探索养老服务培训联盟机制

Y区目前已形成政府服务培训＋校企合作培训＋养老服务机构合作培训的多层次、多元化培训模式。政府主要负责传递国家相关行业的大政方针并组织各养老服务机构参与培训。校企合作培训则是通过嫁接与贯穿养

---

① 如何以需求和问题为导向解决人口老龄化问题、满足老年人持续增长的需求，是全面建成小康社会的一项紧迫任务。我国养老服务需求评估起步较晚，仍在探索中，但缺乏部门联动，普遍存在需求评估的内容不统一、服务需求不明确、用途较单一等弊端，各类养老资源缺乏合理规划和配置。可以建立多部门互认的养老服务需求评估制度，形成统一的养老服务需求评估标准，通过信息系统完整记录不同时期的养老服务需求标准，进行统一的资源调配和评估监督。

老服务机构和各大专院校的优势资源，培养养老护理员等一线服务提供者。最具特色的是养老服务机构之间的合作培训模式，Y 区主动为养老服务机构牵线搭桥，鼓励机构相互合作、取长补短，形成养老照顾服务人才培养帮扶机制。以康园养老院等机构的合作为例，该机构目前已与毕节、纳雍、丹寨、安顺等地的养老院建立行业人才培养合作关系，培训对象从养老院院长到一线护理员全面涵盖，培训方式主要是受训者到康园接受周期不同的岗位培训。例如，院长到康园养老院参与该院的管理与决策，实现仿真决策；而一线护理员则接受"床前教学"①，在"轮训＋观摩＋实操＋应急处理"的方案中，老人如果发生突发事件或者异常病情则由在场的护理员立刻拍下视频（以备给其他护理员学习和讲解时使用，这便是"教材"来源），同时通知管理者及驻院医生；轮训则是指培训是持续性的，每周操练，每月组织技能比赛，每年评出技能明星，院方依据该评比结果依等级给护理员加工资。这极大地调动了护理员的工作积极性和学习主动性，也稳定了护理员人才队伍。

（四）化解行业风险，推行养老服务机构综合责任保险

为构建行业风险分担机制，提升养老服务质量，贵州省民政厅于 2015 年开始推行"贵州省养老服务机构综合责任保险"，所有养老服务机构均可申请参加该保险，省级福彩公益金对参保机构所缴纳的保费给予 80％ 的补贴，参保机构只需承担剩余的 20％。此外，对于雇主责任险，福彩公益金补贴 50％，参保机构支付 50％。两项保险极大地提高了养老服务机构应对入住老人可能发生的死亡、伤残等风险的能力，同时也对养老服务机构工作人员尤其是护理员的疾病、身故、意外等风险进行了提前预防与考虑。由于极大地减轻了出险后的经济负担同时也提升了企业形象，该做法得到养老服务机构的肯定与支持。②

---

① 康园养老院开发的教学模式，基于一线护理人员在照护老年人的实际工作中积累的实际经验，教学者几乎摒弃了所谓的"教材"，老师则是院中养老照顾服务技能水平得到老年人及同事高度认可的护理员，院方管理者进行定时或不定时的现场检验。这种教学模式关注的不是所谓的"理论"，而是实际照顾老人尤其是失能失智老人的技能水准。对文化文凭也并不特别强调，对于培训中的双方都更加直接而具体，因此，培训效果极好。

② 在全国全面推行养老服务机构综合责任保险，从社会发展需要的角度来说，可以有效地化解当事双方的风险，解决养老服务机构的发展问题，为养老服务机构解决后顾之忧，也是一个不能忽视的关系社会稳定的社会问题。

四　促进养老照顾服务持续发展的建议

（一）以满足更多老年人的养老需求为目标，提升居家养老服务机构的服务能力

"满足更多老年人的养老需求"应该成为日间照料中心等养老服务机构的长期目标，各居家养老服务机构在持续开展目前所能提供的日间照料服务的同时，应该积极探索并尝试开展养老日托服务。政府则应制定明确的支持政策，同时根据各社区老人情况，采取税收、场地补贴等多种形式鼓励居家养老服务机构开展床位建设、配备护理人员、购置护理服务设施等。吸引社会资本，鼓励社会力量投资及参与日间照料服务的提供，以更好地维持日间照料中心的长期运营。同时，各居家养老服务机构应积极探索提升自身的专业技能和服务技能，从而赢得社区居民及其他相关机构的承认、支持乃至主动参与。

党的十九大报告提出"打造共建共治共享的社会治理格局"，为更多的老年人提供养老服务是居家养老服务机构参与社会治理的直接反映。具体来看，社区居家服务提供者必须在以下几个方面努力改进和争取突破：养老照顾服务供给的数量和规模，如组织公益养老活动的场次、服务的老年人占总人数的比例等；老年人群体养老状况的改善程度；公众对本机构养老工作的信任水平。此外，社区居家养老服务机构参与社会治理应以社会为本，积极探索并提高通过吸纳社会资源来服务社会的能力。获得所在辖区居民尤其是老年人的承认和支持，是社区居家养老服务机构参与社会治理的出发点和落脚点。

（二）以满足失能、失智老人需求为起点，拓展养老服务机构内容

Y区乃至全国的养老服务机构目前的格局都呈现以下特征：更能针对健康老人的养老，而大量失能半失能老人的养老需求远未能得到市场及时和足够的回应。这一事实一方面要求扩充Y区的养老院数量，并且在规划时就应该确定其主要服务的目标群体应该是失能半失能老人及失智老人；另一方面，在养老院提供服务的内容设计上，仍然要充分考虑并且尊重失能失智老人的生活特点，提前布局与安排。而这一切均要求养老服务提供主体及相关职能部门做好充分的市场调研。因此，对于养老服务提供主体而言，在养老服务机构的前期阶段做好养老设施设备购置、人员培训培

养、人才招聘与储备等充足的准备和规划，至关重要。

（三） 进一步强化并完善心理慰藉服务功能

目前，养老服务机构在一般的文体娱乐方面已经发展得比较完善，尤其是居家养老服务机构中设置多项老人服务，满足健康老人的多种服务需求。各居家养老服务中心虽然均设置了心理慰藉服务，但是在实践操作中普遍面临专业人才不足、服务针对性欠缺、服务效果欠佳等问题。社区居家养老服务机构应开展电话回访、上门探望等慰问活动，居家养老服务机构可设置心理咨询服务，包括开设心理咨询热线、开展心理讲座活动、设置心理咨询室，有医院分派心理医生定期坐诊，以帮助老人缓解抑郁心理，给予居家养老服务的老人更多的人文关怀。

从心理慰藉服务专业人才队伍建设需求的角度出发，可以从以下几方面考虑：第一，与高校等科研院所合作，争取高校系统的专业支持与人才输送；第二，对现有的养老服务从业者分类别提供不同层次的专业化培训，培训可以采取养老服务机构与专业科研机构共同开发课程的形式，以保证培训的针对性和适用性；第三，充分挖掘低龄老年人资源，推行"时间银行"制度；第四，与各种类型的社会组织合作，充分利用志愿者队伍资源，甚至可以考虑跨区域、跨省市的合作与交流。

（四） 加快研究制定养老服务人才培养规划

从顶层设计入手，研究制定短期、中期、长期养老服务人才培养规划。立足于养老市场中各方主体尤其是需要照护的老年人自身的实际养老服务需求，尽快开展养老服务从业人员培训需求调研，并在此基础上研究制定具有权威性、统一性和指导性的人才培养规划。基于照护需求研究制定相关培训规划，目的是规划指导下的培训能够满足市场上的有效照护需求。组织成立养老服务需求调研组，成员应至少涵盖民政部门、养老服务机构、科研机构、养老产品研发销售机构中的从业者等。此外，养老服务人才培养规划的相关工作应该考虑尽早纳入贵州省相关政府职能部门的议事日程，作为落实并推进《贵州省"十三五"养老服务体系建设规划》的重要抓手。

五 结论

随着世界范围内的老龄化水平不断提高，我国养老服务业发展迅速，各地几乎都初步建立了以居家为基础、社区为依托、机构为支撑的养老服务体系。但养老服务业总体上存在养老服务和产品供需失衡、养老护理员等一线专业护理人才短缺、养老服务机构尤其是日间照料中心等机构地位尴尬等问题。因此，政府、养老服务机构和社会需要共同努力与参与，坚持以老年人的需求为导向和基础，探寻能够真正满足老年人尤其是高龄、失能老年人的养老服务与养老产品需求，进而真正提高老年人尤其是有日常生活照料需求老年人的生命质量和生活质量。

参考文献

陈为智，2016，《当前社区居家养老服务中的关键问题反思及前瞻》，《西北人口》第3期。

陈友华、艾波、苗国，2016，《养老服务机构发展：问题与反思》，《河海大学学报》（哲学社会科学版）第6期。

国务院，2017，《国务院关于印发"十三五"国家老龄事业发展和养老体系建设规划的通知》，中华人民共和国中央人民政府网，http://www.gov.cn/zhengce/content/2017-03/06/content_5173930.htm。

王武林、杨晶晶，2016，《贵阳市社区养老服务供给状况及影响因素》，《中国老年学杂志》第16期。

王延涛、王媛杰，2018，《居家养老模式与高龄老人健康研究》，《中国集体经济》第29期。

辛璟怡，2018，《居家社区养老服务的实现路径研究——基于江苏省1200户样本家庭的入户调查》，《石家庄铁道大学学报》（社会科学版）第3期。

张菁、卢小燕，2018，《城市社区居家养老服务存在问题及对策研究——以成都市S社区为例》，《西昌学院学报》（社会科学版）第3期。

周红云、陈晓华、董叶，2018，《社区居家养老服务对城市老年人健康的影响》，《统计与决策》第17期。

朱晓慧、陈康清，2017，《贵州：探索"医养结合"新模式　构建养老"三大平台"》，人民网，http://gz.people.com.cn/n2/2017/0707/c222152-30439225-3.html。

朱秀敏，2018，《安阳市居家老年人养老现状与需求及影响因素调查》，《中国校医》第9期。

责任编辑：刘升

积极福利视角下贵州省留守儿童福利
发展方向和路径

洪露曹晨*

摘　要：在经济、社会双转型的社会背景下，现代化的多种因素冲击传统并综合作用于当代家庭，在一定程度上使家庭基本结构被撕裂，其中一个严重的后果便是大量留守儿童的出现。留守儿童由于缺乏必要的父母直接抚育和持续照顾，不利于其心理、生理发育和发展。对于不同情况的留守儿童，应该打破传统的独立的留守儿童福利框架，建立以家庭为中心，教育机构、政府、社会福利机构、社区与乡村基层组织等多元主体相结合的全方位衔接型儿童福利制度，为不同类型的儿童提供针对性、补充性和支持性福利服务，从而保障留守儿童的全面健康成长。

关键词：儿童保护　留守儿童　家庭照护　积极福利

一　隐藏于消极福利观下的贵州省
留守儿童问题分析

本文认为留守儿童是父母双方均外出务工或一方外出务工另一方无监护能力，无法与父母正常共同生活的不满 16 周岁的未成年人。根据中国民政部门的统计，截至 2016 年 11 月，全国农村留守儿童数量为 902 万人，

---

*　洪露，女，贵州大学公共管理学院硕士研究生，研究方向为社会政策与社会福利；曹晨，女，贵州大学公共管理学院劳动与社会保障专业 2015 级本科生。

超过90%分布在中西部省份。贵州省民政厅的统计数据显示，截至2016年12月，贵州省留守儿童共计87.5万人，其中无人监护的儿童10981人，监护情况差的儿童32027人，失学儿童4115人，辍学儿童2800人，因为不能顺利落户影响社会救助、社会福利政策落实的25865人，患重大疾病或精神障碍的8179人，残疾的4974人。贵州留守儿童最多的是毕节市，超过20万人，占全省农村留守儿童总人数的29.8%（搜狐新闻，2016）。在调查中，笔者将留守儿童分为两类：一类与普通家庭儿童无明显区别，坚强乐观，关爱他人，发育正常；另一类儿童占大多数，他们不善言谈，性格内向，在生理发育方面由于缺乏家庭照顾，大部分儿童表现为发育不良，如个子较矮、瘦弱等。

传统的消极福利政策是由威伦斯基（H. Wilensky）及列彪斯（E. Lebeaus）于20世纪60年代提出的，表现为国家在福利供给中承担主要责任，在政策实行中表现为事后补救，在常态社会保障无效时，用于暂时替代社会保障的制度，福利水平较低。我国目前的儿童福利制度正在由传统的消极福利政策向积极福利政策转型。过去实行的消极福利政策即补缺型福利政策，是指在家庭和市场失灵后国家补救的社会福利政策，福利供给责任主体通常是政府，它的特点表现为福利供给水平低，福利覆盖面窄，强调个人责任。在留守儿童领域，首先，传统的消极福利政策具体项目单纯对留守儿童进行经济上的补贴和救助，没有关注留守儿童真正的需求，导致留守儿童缺乏心理照护，进而出现心理问题。其次，没有关注父母对家庭的责任，忽视了家庭功能的促进和完善，导致家庭责任缺失。在福利转型的过程中，政府过度强调对留守儿童的照顾和系统管理，强化了"留守儿童"的标签，对留守儿童有很大的负面影响。在教育板块，传统消极福利政策过于重视留守儿童的学业成绩、生活管理，忽视了他们的身体发育、综合素质培养，不利于他们的成长。

（一）留守儿童缺乏心理照护

在社会经济高速发展的当代社会，留守儿童面临的主要困境不再是经济问题。一方面，其父母外出务工后的经济收入比单纯在农村老家务农高；另一方面，由于国家实行九年义务教育制度，处于义务教育年龄的留守儿童能够获得免费教育，同时还得到来自政府、慈善组织及社会各界的资助。因此，对于大多数留守儿童而言，经济方面的满足程度相对于心理照护需求的满足程度高。留守儿童的问题更多地表现为缺乏父母的持续陪伴与照顾，他们虽然能够在社会各界的帮助下获得各种生活和学习的物资，但是缺乏必要的人生指导与陪伴。留守儿童处在世界观、人生观形成的重要时期，缺乏来自父母等重要养育者的必要陪伴与引导，本身就是一个不容忽视的社会问题。

儿童需要一定的物质基础以保证基本生活，也需要父母、家人的关心和日常照护。留守儿童的内心想法、面对世界的情感、遇到事情的处理方式，需要得到父母的支持、关注和帮助。

（二）留守儿童家庭责任缺失

在调研中笔者发现，留守儿童出现问题时，政府积极问责和追责，基层社区和学校反省问题症结所在，而家长却在不断往外"推责"。在政府积极承担照顾孩子的责任时，家庭责任缺失的现象越来越明显。《贵州省留守儿童调查报告》中有三个案例。

外出务工的人从新闻报道中了解到家乡发生的留守儿童的悲剧，想到自己在家的孩子，准备回家就业发展，但是又听说政府在大力救助留守儿童，于是打消了回家发展的念头。

有些父母原就在本地工作，看到政府对外出打工者的帮助和救济，自己没有享受到这样的福利，于是把小孩带到镇政府，告诉工作人员自己准备外出工作，将小孩托付给政府照顾。

有个母亲在外与朋友打麻将，小孩身体不适告诉母亲时，母亲说："去找你们班主任，她会管的。"

以上三个案例说明了政府、基层社区、学校等对留守儿童的照顾，在一定程度上成为家庭承担抚养儿童责任的阻碍。父母的照顾是儿童成长最大的保障，父母也是儿童成长的责任承担者，政府和其他组织应该是辅助家庭照护儿童，积极的留守儿童福利制度应该强化家庭本位观念，强化家庭抚养儿童的功能。

（三）政府"保姆式"关怀，强化"留守"标签

随着经济社会的进步，政府及社会各界对留守儿童这一群体倾注了越

来越多的关爱，各级政府甚至提供了"保姆式"照顾和全方位监督管理，地方政府针对留守儿童现象及问题出台的种种政策和措施，在某种程度上成为一把"双刃剑"：留守儿童在经济上得到的支持明显提高，得到的来自社会各界的关爱亦明显增加，但是"留守"标签也在不知不觉中被强化。从毕节市留守儿童管理的现状来看，留守儿童白天在校期间，安全问题、教育问题、生活问题均由学校负责，学校的每位教师按比例分配照顾留守儿童的数量，按计划每月进行两次家访，提交家访照片、资料和记录表等相关材料。放学时间，留守儿童的安全由村或街道负责，工作人员与留守儿童一一对应。基层组织登记留守儿童父母外出务工的情况，登记工作地点和联系方式、家庭经济状况等信息，每周汇报更新变动信息，甚至负责劝留守儿童父母回乡就业。对于缺少监护人并需要入住寄宿制学校的儿童，学校和政府更是对其进行全方位的照护与管理。如此，实际上对留守儿童形成了一种"特别关怀"，这种关怀在某种程度上强化了留守儿童与普通儿童的区别，强化了其"留守"标签。

（四）留守儿童寄宿学校的现状

教育公益组织歌路营发布的《中国农村住校生调查报告》（以下简称《报告》），全面剖析了农村寄宿制学校的问题。一些地区撤并农村教学点，实行集中办学，离家较远以及缺乏固定监护人的儿童均就读于寄宿制学校。《报告》的结论显示，学生心理健康整体堪忧。中小学生正处于身心迅猛发展阶段，留守儿童不仅缺少家庭关爱，还强硬要求他们把精力都投入学习中，身心承受巨大压力。《报告》显示，47.3%的寄宿制孩子常有负面情绪困扰，63.8%的孩子有孤独感。在生活方面，《报告》指出，一周换一次衣服，洗一次澡，两天到三天吃一次肉，不爱吃蛋和奶，爱吃零食和垃圾食品等，是农村留守儿童中的寄宿生的普遍情况。由于营养搭配不合理，留守儿童中的寄宿生平均身高比同龄孩子矮6厘米至10厘米，平均体重比同龄孩子少3公斤至9公斤。此外，他们在校时间过长，放学后原本属于他们的自由时间也由学校安排。由于农村学校师资配备不足，没有足够的活动经费，担心孩子们的安全问题，学校大大缩短了课余活动时间。多方面的压力给留守儿童造成了心理困扰。

二　积极福利观对留守儿童问题的理论回应

社会福利在广义上是指国家为社会公民提供的资金、政策、服务和制度，用于保障公民的基本生活和提高生活水平的方式。社会福利主要包括经济性福利、政治性福利和文化性福利。此外，基本生活保障制度和基本津贴制度等也属于社会福利的外延范畴（汪连杰，2017）。

自 20 世纪 80 年代以来，随着全球化的发展和经济滞胀的出现，欧洲一些高福利国家陷入福利危机中，由于国家承担着社会福利的主要责任、背负着巨大的财政压力，无力应对日益严峻的一系列社会问题，积极福利观正是在这样的背景下产生的。积极福利是由吉登斯提出的"第三条道路"和"福利多元主义"发展而来。在核心概念的理解上，积极福利不应该被认为是"社会压力"，否则社会福利发展就是负担，是消极被动的。该理论有三个特点：强调福利主体个人发展、强调福利责任主体多元化、强调重视社会风险预防。

在留守儿童福利领域，首先，积极福利与传统的消极福利相比，不是简单地对留守儿童进行经济上的补偿和救助，我们应该关注留守儿童的个体发展，关心留守儿童的心理、生理健康发展，让留守儿童与普通儿童拥有同样的、平等的发展权。其次，积极福利模式下，福利责任多元化思想即合理分配政府、家庭、社区、教育机构等多主体的社会责任，为留守儿童的发展形成一股合力。最后，积极福利模式强调预防社会风险，制度设计可以构建家庭本位为主，创造并增加父母与孩子的相处机会与时间，从根源上减少留守儿童的产生。

基于以上分析，积极福利政策对预防并缓解留守儿童心理问题，联动家庭、社区、政府、教育机构等各个主体解决留守儿童家庭责任缺失问题、政府"保姆式"关怀问题、寄宿学校相关问题有极大的帮助。

三　贵州省留守儿童积极福利制度的发展方向

（一）从消极的儿童福利内涵向积极的儿童福利内涵转变

回顾过去几年，留守儿童被大众关注往往源于一些残酷的社会现实：2012 年贵州毕节 5 名流浪儿童在垃圾箱中取暖，中毒死亡；2013 年南京 2

名幼儿饿死家中；2015 年毕节留守儿童自杀……这些事件给全社会敲响了警钟。社会转型与变迁使弱势儿童群体不断涌现，传统补缺型救助政策已无法承载当前的社会问题。作为回应，民政部于 2013 年正式启动了适度普惠型儿童福利制度建设试点工作。然而，儿童福利制度设计采取的补救性的传统福利策略，即在儿童陷入困境后简单进行救助，单纯依靠津贴、补贴的制度仍然有很大的局限性，无法从根本上解决留守儿童问题。

目前我国区域经济发展不平衡，导致大量劳动力从不发达地区向发达地区迁移。留守儿童的产生，有两方面的原因。一方面，由于家庭经济条件较差，孩子的父母不得不到发达地区务工；另一方面，由于城乡二元制度的存在，孩子无法跟随父母到城市生活。经济社会的发展导致家庭基本结构断裂，家庭面临严重的工作与照料儿童之间的不平衡、外部经济压力以及孩子的教育压力。

基于以上分析，我国留守儿童福利政策需要从补救型政策向积极预防型政策发展，从消极的儿童福利内涵向积极的儿童福利内涵转变。

（二）加强家庭本位的理念，提供社会福利支持

家庭是儿童成长最重要的场所，父母是孩子成长过程中最关键的引导人。在传统的、消极的福利制度理念中，通常"重儿童、轻家庭"，我国当前留守儿童福利制度所针对的仅仅是留守儿童本身，尚未关注到家庭对孩子成长的关键作用和重要意义，尚未建立以家庭为本位的儿童福利政策与制度安排。从积极福利的视角来看，以家庭为核心的福利制度设计不仅仅在于事后对留守儿童的救助和单纯的经济补贴，更重要的是满足留守儿童的成长需要，完善家庭的照护和抚育功能，避免经济发展使家庭结构断裂，促进核心家庭的稳定发展。

构建积极的社会福利体系，保护和服务留守儿童，要设计合理的福利制度，即肯定家庭本位的儿童福利理念，重视父母教育对孩子的重要意义和作用，从社会投资与能力建设的视角出发，为家庭提供包括经济、社会资源、教育、家庭功能与发展等在内的支持性服务，恢复与改善家庭功能，以预防留守儿童的产生，从源头上避免留守儿童陷入困境。

（三）多元主体福利衔接，全方位保护留守儿童

造成留守儿童的原因多种多样：我国经济社会转型带来的家庭结构失衡；长期城乡二元结构的存在，使城乡差距较大、东西部发展不平衡；流动劳动力迁入地缺乏针对随迁儿童发展的相关政策与帮扶。从留守儿童的成长环境角度而言，任何一个成长环节的缺失都有可能阻碍其健康成长和发展。完善儿童福利制度需要构建多元主体、多层保护的福利框架。

儿童成长的复杂性意味着仅用单一的"补救式"救助对留守儿童进行保护，是远远不能解决问题的。在积极改善留守儿童境遇的同时，儿童福利建设应该考虑将影响儿童发展的多个领域的职能部门、福利机构等进行联动，改变政策碎片化的现状，构建完整的儿童福利制度，并从经济、社会资源、就业、教育等多个层次支持和服务留守儿童及其家庭。从"一刀切"逐步过渡到保障不同境遇的留守儿童的成长与发展，从保障基本生活逐步扩展到保障留守儿童家庭照料、教育、健康、安全、未来发展等多个方面。

四 贵州省留守儿童福利制度完善路径

（一）从基本救助到适度普惠，提供多元服务

（1）拓宽寄宿学校功能，关注孩子身心健康。乡镇寄宿学校是留守儿童教育的主体机构，由于合并中心校，大量的儿童上下学路途遥远，因此他们在中小学时期集中住校，接受封闭式管理。过早住校使那些原本不是留守儿童的儿童因为住校而缺少了家庭的照护，缺少父母的陪伴和教育；而留守儿童失去了亲属的日常照顾，与原本疏远的家庭关系更加淡漠。

寄宿学校最应关心的是孩子的心理健康与发展，因此，应该逐步增加生活老师和心理老师的数量，或在现有师资条件下让教师轮流照看留守儿童，提供基本的日常生活照顾，更多地关心留守儿童的生活和心理，尤其是青春期的留守儿童，保护孩子的身心健康。

（2）优化社区与乡村基层组织的儿童发展环境。留守儿童所在的基层组织尤其是社区服务中心和乡村基层组织，应结合自身实际提供基础的留守儿童福利服务。2015 年，民政部正式启动"全国基层儿童福利与保护服务体系建设试点工作"，在全国多个省份的乡村配备儿童福利督导员或儿童福利主任，负责留守儿童的日常工作。从 2016 年起，广西建立村级儿童福利督导员制度，破解农村留守儿童"最后一公里"的工作难题，落实 1.2 万多名儿童福利督导员，帮助 31.2 万名农村留守儿童落实监护措施。值得注意的是，在培养儿童福利督导员时，可以考虑让有意愿、有能力、具有良好品质的当地居民提供力所能及的帮助与服务，儿童福利督导员甚

至可以尝试从当地生源的大学生中招募，尤其是心理学、社会学、教育学等专业的大学生，一方面能帮助大学生学习致用，另一方面，通过和本地生源的大学生接触，能帮助拓展留守儿童的视野。

（二）营造有利于家庭承担责任的社会环境

构建家庭本位、多元主体、多个层次的儿童福利模式至少应该从以下两个方面做出努力。

（1）鼓励相关行业、企业研究制定相关方案，增加父母与留守儿童的相处机会。除法定节假日外，相关部门应提供空间，鼓励流动人口集中的行业、企业研究制定相关管理方案，并联动交通部门，为该群体提供"一年 N 次"的定点车票折扣优惠，并逐步完善联动政策，保证留守儿童在家庭内部获得足够的照护和陪伴时间。欧洲许多国家从 20 世纪 70 年代起，开始面向父母双亲创建亲职假制度，父母双方都有权利获得较多的时间来照顾孩子，有残疾或患病儿童的父母还可以享受额外的照护假（满小欧、王作宝，2016）。此外，配合适当的交通优惠政策、通信优惠政策等，支持父母回乡照护孩子、孩子到城市中与父母相聚，减少沟通成本，增加父母对孩子的教育、陪伴时间和机会。

（2）进一步落实相关法律和政策，明确各主体的责任、义务。近年来我国出台了一系列保护儿童的法律法规和政策措施，儿童权益保护工作取得了积极成效。2016 年 2 月国务院印发《国务院关于加强农村留守儿童关爱保护工作的意见》（国发〔2016〕13 号）。一方面，该意见强化了家庭监护主体的责任，督促外出务工父母依法履行监护职责；另一方面，该意见设计了包括强制报告、应急处置、评估帮扶、监护干预等环节在内的救助保护机制。在实践中，如何"督促外出务工父母依法履行监护职责"实际上是留守儿童福利开发工作中的一大难点。一方面，家庭作为社会的基本细胞，需要谋取更好的环境和条件以求得生存与持续发展；另一方面，留守儿童的成长过程的确需要父母等主要养育者倾注足够的时间、精力及其他物资。二者之间似乎存在一种"悖论"，显然，如何帮助家庭及处于流动中的父母突破这个"悖论"的限制，是需要思考的议题。

（三）完善社会风险预防制度，形成政策制度联动

（1）积极预防干预，从源头缓解留守儿童问题。留守儿童的成因复杂交错，如果仅从单一的"补救式"救助进行保护，显然只能治标不能治

本。政府及社会在积极改善目前留守儿童境遇的同时，必须从源头上考虑如何预防留守儿童群体的形成及扩大。一方面，要积极介入问题家庭，给有养育儿童障碍的家庭提供相应的服务和帮助；另一方面，要跳出"家庭"，将留守儿童问题放置于"社会"大环境中，将教育与就业岗位的提供、经济与产业发展、社区建设与人的全面发展等各个事业与留守儿童问题联系起来思考，以促进更加有效而持续的解决方案得到真正实施。

（2）推行就近就业政策，从源头上减少留守儿童。2015 年，贵州省推出"雁归兴贵"等一系列促进流动劳动力转移就业、大力引导外出务工人员返乡创业带动就业的政策措施，形成较为健全的促进农民工返乡创业就业政策体系（吴秉泽，2015）。一系列支持政策能在一定程度上吸引农村富余劳动力回乡创业就业，在此过程中顺应贵州产业转移、推动产业升级、促进产业融合、发展新型农业，促进"互联网＋农村电子商务"等领域发展，进一步缩小东西部地区差异，以稳定核心家庭结构，从源头上减少留守儿童。

配合就近就业政策，还应该在社区和乡村基层组织中逐步提供心理疏导服务，为基层组织辐射范围内的留守儿童提供心理服务，缓解留守儿童的心理孤独感和压力，帮助留守儿童融入核心家庭；同时向父母提供科学育儿的理念和技巧培训，帮助问题家庭恢复正常儿童抚育功能并获得一定社会资源，达到保护留守儿童的目的。

（3）制度有效衔接，全方位保护留守儿童。留守儿童的福利工作依赖家庭、政府、社会、公共部门的共同合作，除了经济补偿和补贴外，还要给予留守儿童全方位的关心和保护，从寄宿学校建设到法律法规完善再到家庭支持等，对影响儿童成长的各个环节进行考虑和设计。加强民政部门、乡镇政府、妇女儿童组织、残疾人联合会、寄宿学校等多方面的联动，构建留守儿童的社会支持网络。

五　总结

随着福利发展观从消极福利发展观到积极福利发展观的转变，留守儿童保护与服务的内涵与外延也得以扩展。在扩展的过程中，留守儿童福利已经演变成一把"双刃剑"，尤其是一些地方政府几近于"保姆"式的事无巨细的关注与干预，的确明显提高了留守儿童的生活水平，但也在不知不觉中强化了"留守儿童"的标签，这种强化无益于留守儿童的健康成长。"依法保护、儿童优先、儿童最大利益、平等发展"应该成为社会的共识，儿童福利应该是国家和全社会需要关注的领域。

参考文献

成海军，2011，《儿童福利：从理念到功能的全面转型升级》，《中国社会报》7 月 28 日，第 3 版。

郝晓猛，2015，《"第三条道路"社会福利思想评价及启示》，河北大学硕士学位论文。

黄元龙，2011，《以适度普惠为主线，发展儿童福利事业——解析〈浙江省政府办公厅关于加快发展孤儿和困境儿童福利事业的意见〉》，《社会福利》第 8 期。

李洁，2018，《政社合作为儿童福利队伍提供专业支撑》，《中国社会报》6 月 25 日，第 4 版。

满小欧、王作宝，2016，《从"传统福利"到"积极福利"：我国困境儿童家庭支持福利体系构建研究》，《东北大学学报》（社会科学版）第 2 期。

南方，2018，《推进儿童福利督导员队伍建设的经验、挑战和建议》，《中国社会报》6 月 25 日，第 4 版。

彭华民、冯元，2016，《中国特殊教育福利：从补缺到组合普惠的制度创新》，《社会科学辑刊》第 6 期。

吴秉泽，2015，《贵州出台"雁归兴贵"计划》，http://www.sohu.com/a/34539094_115401。

聂毅，2016，《留守儿童，贵州省共有 87.5 万》，http://www.sohu.com/a/1205992 86_114731。

同春芬、吴楷楠，2017，《我国适度普惠型社会福利问题研究综述》，《社会福利》第 7 期。

汪连杰，2017，《从"消极福利"到"积极福利"——论中国积极型社会福利的价值理念与实践路径》，《中共天津市委党校学报》第 1 期。

王俊丽，2017，《论我国困境儿童监护制度的完善》，河北经贸大学硕士学位论文。

文倩，2017，《我国社会福利社会化研究》，《世纪桥》第 5 期。

向辉，2012，《困境儿童的监护权转移》，《社会福利》第 2 期。

杨智平、汪丽红，2016，《构建和落实困境儿童保障机制的思考》，《改革与开放》第 21 期。

张亮，2014，《欧美儿童照顾社会政策的发展及借鉴》，《当代青年研究》第 5 期。

周海船，2018，《广西：1.2 万儿童福利督导员走马上任》，《中国社会报》6 月 25 日，第 4 版。

朱登燕，2018，《"机构 + N"：儿童福利机构转型背景下服务功能的演进》，《中国民政》第 13 期。

责任编辑：廖艳

书 评

《我国地方政府绩效与生态脆弱性协同评估——面向西部45市的探索性研究》书评

于文轩[*]

　　为治理生态脆弱性问题，近年来，党中央、国务院开始将生态因子纳入政府绩效发展中。2012年11月，党的十八大报告首次提出"五位一体"的总体布局，强调"把生态文明建设放在突出地位，融入经济建设、政治建设、文化建设、社会建设各方面和全过程"。2017年10月，党的十九大报告又一次强调了政府在发展绩效的过程中"必须树立和践行绿水青山就是金山银山的理念"。这些顶层设计显示了一个基本道理，即中央政府已经意识到转变绩效观的重要性，开始要求地方政府在获得绩效的同时必须将生态保护与改善考虑在内，实现政府生态观和绩效观的协同。

　　为了响应中央号召，西部政府在生态政策制定和执行上做了不少努力，然而从现实频发的生态脆弱性问题来看，效果并不尽如人意。即便将时间滞后效应考虑在内，很多政策在西部生态脆弱性治理中也没有实现既定目标。以甘肃省为例，长期以来祁连山局部生态破坏问题十分突出，对此党中央、国务院多次要求抓紧整改。在中央有关部门督促下，虽然甘肃省做了一些工作，但情况没有明显改善。2017年由党中央、国务院有关部门组成中央督查组就此开展专项督查发现，从2013年至2016年，甘肃省相关部门在政策落实、监督和问责等绩效生成环节上存在诸多问题，导致甘肃祁连山国家级自然保护区生态环境破坏问题依然突出。

　　由此可见，即便中央层面环保意愿强烈，甘肃省在履行职责、生成绩效的过程中也没有充分考虑生态保护和改善，未将治理生态脆弱性和发展整体绩效相结合，把追求生态绩效融入追求经济、政治、社会、文化等绩

* 于文轩，厦门大学、新加坡南洋理工大学教授，博士生导师。

效当中，真正实现"五位一体"协同发展。鉴于此，大家不禁产生疑问：在西部地区"甘肃问题"仅是特例，还是普遍存在的问题？其他西部地方政府在获取绩效的过程中到底是如何对待生态问题的，是否把改善生态脆弱性纳入了政府绩效范畴，妥善处理了改善生态脆弱性与其他政府绩效的关系？

南开大学周恩来政府管理学院教授、博士生导师尚虎平，以及他的学生南开大学周恩来政府管理学院博士生张怡梦合著的《我国地方政府绩效与生态脆弱性协同评估——面向西部 45 市的探索性研究》一书，通过搜集经验数据，运用耦合协同评估模型，在构建生态脆弱性、政府绩效评估指标体系基础上计算西部整体的生态脆弱性与政府绩效两系统耦合协同度，回答了上述问题。

从结果来看，西部生态脆弱性与政府绩效处于"高耦合、低协同"程度，也就是说政府在追求绩效的过程中没有充分考虑、解决生态脆弱性问题，在一定程度上反映了西部政府绩效观未实现与生态观的有效协同。这在很大程度上源于生态使命感扭曲、生态绩效目标"泛经济化"、生态政策与经济等领域政策协同度低等诱因。西部政府未来可以从实施生态导向目标责任制、完善生态协同机制和生态评估制度等方面来突破当前窘境。

整体上，该研究具有较强的理论价值和实践意义。首先，将信息熵确定权重与采用数据挖掘技术筛选生态脆弱性评估指标体系配合使用，使指标挖掘的赋权过程更为科学。其次，首次将生态脆弱性与本地政府绩效的协同作为生态脆弱性评估的有机组成部分，使传统上政府绩效评估只测量绩效而欠考虑生态协同的弊端得到较好解决，为建设"绿色政府"打下了基础。再次，开发了中国西部生态脆弱性评估、生态脆弱性与地方政府绩效协同耦合评估的一般模型，使评估有了科学依据。最后，在中国首次评估了西部 45 个地级政府辖区内的整体生态脆弱性以及生态脆弱性与该地级政府整体绩效的协同度，为未来国家生态决策提供了实证数据。

责任编辑：徐中春

《政府治理评论》2020年第1期（总第6卷）征稿启事

《政府治理评论》（*Public Governance Review*）是由贵州大学公共管理学院、贵州省欠发达地区政府治理体系和治理能力现代化协同创新中心主办的学术论文集，每年出版2卷。

《政府治理评论》致力于推动政府治理理论研究，着力搭建政府治理理论研究和实践经验交流平台。该连续性出版物坚持正确的政治立场，坚持学术导向，强调科学方法，突出原创品格，提倡建设性的学术对话。

一 本刊主要设立四个栏目

1. 时政聚焦。围绕党委、政府关心的热点和重点问题设置专栏，刊发专题性理论或经验研究文章。本刊总第6卷（2020年第1期）将围绕"地方治理现代化"进行专题征稿。

2. 政府与政策理论研究。本栏目刊发国内外有关政府与政策过程、环境治理、地方政治生态等前沿问题，刊发理论性、原创性文章。

3. 地方政府治理实践。本栏目刊发国内外有关地方政府政治发展、行政体制改革等问题，尤其是西部地区具有一般理论意义的特色问题的原创性实证研究文章。

4. 综述与书评。本栏目旨在刊发对公共管理领域以及地方治理现代化问题最新著（译）作的介绍或评论，及国外相关前沿文献的译文以及理论综述性文章。

本刊采用"以书代刊"形式由社会科学文献出版社出版发行，论文上传中国知网。论文以15000字左右为宜。稿酬从优。热忱欢迎海内外从事政治学、公共管理等问题研究的学人惠赐稿件；欢迎党政官员、政府管理实际工作者惠赐实践反思、案例介绍类文章。

本刊实行匿名评审制度，稿件将提交三位专家进行匿名评审并决定是否录用。编辑部负责稿件日常处理工作。

投稿邮箱：zfzlpl@ 126. com （邮件主题：作者姓名 + 论文题目）

本刊总第卷 （2020 年第 1 期） 收稿截稿日期：2019 年 10 月 28 日。

二 《政府治理评论》 投稿体例

本刊投稿以中文为主，海外学者可用英文投稿，但需为未发表稿件。稿件如果录用，由本刊负责将内容翻译成中文，由作者审查定稿。文章在本刊发表后，在不违反有关法律前提下，作者可在中国大陆境外以英文发表。以下为投稿体例。

1. 稿件使用中文。投稿邮箱：zfzlpl@ 126. com （邮件主题：作者姓名 + 论文题目）。

2. 稿件包括以下信息：（1） 文章标题；（2） 作者姓名、单位、职称以及通信地址和电子邮件地址；200 字左右的中文摘要；（3） 3 至 5 个中文关键词。

4. 文章正文的标题、表格以及图形必须分别连续编号。大标题居中，用中文数字一、二、三等编号；小标题左齐，用中文数字 （一）、（二）、（三） 等编号；其他编号一律使用阿拉伯数字。

5. 引用文献采用文中夹注，体例如下：根据 Mancur Olson （1982：126） 的结论，……；"经济全球化将会导致……。"（Wallerstein，1948）；正如吉登斯所言：……。（吉登斯，2000：53）"。

6. 所有参考文献必须出现在文章的末尾，并按作者姓名的汉语拼音（或英文名字） 顺序排列。体例如下：

[1] Olson，Mancur，1982，The Rise and Decline of Nations，New Haven：Yale University Press.

[2] Farnham，David and Horton，Sylvia （eds. ）， 1996 Managing the New Public Services，London：Macmillan.

[3] Fesler，James W. ，1990，"The State and Its Study：The Whole and the Parts"，in Naomi B. Lynn and Aaron Wildavsky （eds. ），Public Administration：The State of the Discipine，Chatham，NJ：Chatham House Publishers.

[4] 安东尼·吉登斯，2000，《第三条道路：社会民主主义的复兴》，郑戈译，北京大学出版社。

［5］何勇，2002，《党风廉政建设和反腐败斗争的回顾与思考》，《国家行政学院学报》年第 6 期。

7. 本刊将把排版清样寄给作者，由作者校对稿件。稿件发表时本刊将向作者提供 2 份正刊。

图书在版编目（CIP）数据

政府治理评论. 第 5 卷 / 黄其松主编. –– 北京：社
会科学文献出版社, 2020.3
ISBN 978 – 7 – 5201 – 6015 – 5

Ⅰ. ①政… Ⅱ. ①黄… Ⅲ. ①地方政府 – 行政管理 –
研究 – 中国 Ⅳ. ①D625

中国版本图书馆 CIP 数据核字（2020）第 015388 号

政府治理评论 第 5 卷

主　　编／黄其松
执行主编／徐中春

出 版 人／谢寿光
责任编辑／任晓霞
文稿编辑／马甜甜

出　　版／社会科学文献出版社·群学出版分社（010）59366453
　　　　　地址：北京市北三环中路甲 29 号院华龙大厦　邮编：100029
　　　　　网址：www. ssap. com. cn
发　　行／市场营销中心（010）59367081　59367083
印　　装／三河市龙林印务有限公司

规　　格／开 本：787mm × 1092mm　1/16
　　　　　印 张：11　字 数：186 千字
版　　次／2020 年 3 月第 1 版　2020 年 3 月第 1 次印刷
书　　号／ISBN 978 – 7 – 5201 – 6015 – 5
定　　价／69. 00 元

本书如有印装质量问题，请与读者服务中心（010 – 59367028）联系

△ 版权所有 翻印必究